Maria,
mulher, mãe e amiga

FRANCISCO CERRO CHAVES

Maria,
mulher, mãe e amiga

Tradução
PE. MAURÍCIO RUFFIER

Título original:
María, mujer, madre y amiga
© San Pablo, Espanha, 1996
© Francisco Cerro Chaves, 1996

Revisão:
Célia Regina Faria Menin
Maria de Fátima Cavallaro

Diagramação:
Paula R. R. Cassan

Edições Loyola
Rua 1822 n° 347 – Ipiranga
04216-000 São Paulo, SP
Caixa Postal 42.335 – 04299-970 São Paulo, SP
✆ (0**11) 6914-1922
Fax: (0**11) 6163-4275
Home page e vendas: www.loyola.com.br
e-mail: loyola@ibm.net

Todos os direitos reservados. Nenhuma parte desta obra pode ser reproduzida ou transmitida por qualquer forma e/ou quaisquer meios (eletrônico ou mecânico, incluindo fotocópia e gravação) ou arquivada em qualquer sistema ou banco de dados sem permissão escrita da Editora.

ISBN: 85-15-02027-0

© EDIÇÕES LOYOLA, São Paulo, Brasil, 1999

Ao meu pai,
que faleceu em 14 de janeiro de 1996
e me ensinou tantas coisas com sua vida.

Sumário

Apresentação 11
Introdução — Oração 13

1
MISSAS DE NOSSA SENHORA

Tempo do advento 19
A Virgem Maria, filha eleita de Israel 21
A bem-aventurada Virgem Maria na Anunciação do Senhor 24
Visitação da bem-aventurada Virgem Maria 29

Tempo do natal 33
Santa Maria, Mãe de Deus 35
Virgem, Mãe do Salvador 39
Nossa Senhora na epifania do Senhor 43
Nossa Senhora na apresentação do Senhor 47
Nossa Senhora de Nazaré 51
Nossa Senhora em Caná 55

Tempo da quaresma 61
Nossa Senhora, discípula do Senhor 63
Nossa Senhora junto à cruz do Senhor (1) 67
Nossa Senhora junto à cruz do Senhor (2) 72
Nossa Senhora constituída Mãe dos discípulos 76
Nossa Senhora, Mãe da reconciliação 80

Tempo pascal 85
Nossa Senhora na ressurreição do Senhor 87
Nossa Senhora, fonte de luz e vida 92
Nossa Senhora do Cenáculo 96
Nossa Senhora, Rainha dos Apóstolos 100

Tempo comum 105
Nossa Senhora, Mãe do Senhor 107
Nossa Senhora, a nova mulher 111
O nome da Virgem Maria 115
Nossa Senhora, escrava do Senhor 118
Nossa Senhora, templo do Senhor 122
Nossa Senhora, trono da sabedoria 126
Nossa Senhora, imagem e Mãe da Igreja (1) 130
Nossa Senhora, imagem e Mãe da Igreja (2) 134
Nossa Senhora, imagem e Mãe da Igreja (3) 138
O Imaculado Coração de Maria 142
Nossa Senhora, Rainha do Universo 147
Nossa Senhora, Mãe e Medianeira da Graça 151
Nossa Senhora, fonte da salvação 154
Nossa Senhora, Mãe e mestra espiritual 158
Nossa Senhora, Mãe do Bom Conselho 161
Nossa Senhora, causa da nossa alegria 164
Nossa Senhora, amparo da fé 168
Nossa Senhora, Mãe do belo amor 172
Nossa Senhora, Mãe da santa esperança 176
Nossa Senhora, Mãe e Rainha da unidade 180
Nossa Senhora, Rainha e Mãe de misericórdia 184
Nossa Senhora, Mãe da divina providência 188
Nossa Senhora, Mãe da consolação 192
Nossa Senhora, auxílio dos cristãos 195
Nossa Senhora das Mercês 199
Nossa Senhora, saúde dos enfermos 203
Nossa Senhora, Rainha da paz 207
Nossa Senhora, porta do céu 211

2
Missal Romano

Nossa Senhora, Mãe de Deus 217
Nossa Senhora de Lourdes 221
A visitação de Nossa Senhora 225
Imaculado Coração de Maria 229
Nossa Senhora do Carmo 233

Dedicação da Basílica de Santa Maria 236
A assunção de Maria Santíssima 239
Nossa Senhora Rainha 243
Natividade de Nossa Senhora 247
Nossa Senhora das Dores 250
Nossa Senhora do Rosário 254
Nossa Senhora do Pilar 257
Apresentação de Nossa Senhora 261
A Imaculada Conceição 264

Apêndice 269
Epílogo — Nossa Senhora do Terceiro Milênio 275

Apresentação

"Eis aí a tua Mãe"

ESTAS palavras comoveram o discípulo amado no Calvário. Quem as pronunciava era o Senhor pregado na cruz, antes de morrer! A resposta não se fez esperar: "Desde então, o discípulo a recebeu sob seus cuidados".

Estas palavras permanecem vivas. Ainda hoje, Cristo ressuscitado continua a pronunciá-las. Tal como então, revelam uma verdade salvadora que deve ser vivida — quem é Maria para o cristão — e exprimem um desejo de seu coração: que ela seja acolhida por seus discípulos. Assim, Ele diz a cada um de nós: "Maria é tua Mãe". E espera a nossa resposta pessoal.

A vocação cristã é o chamado a viver como Jesus, a apropriar-se de seu coração. Por isso o crescimento espiritual é acompanhado pela descoberta do papel da Virgem Santíssima na própria vida e do progresso na vivência da relação filial com a Mãe de Deus. Então, o cristão vai aprendendo a viver Maria a partir de Cristo: a apreciá-la como Ele a aprecia, a tratá-la como Ele a trata, a amá-la como Ele a ama.

Esta obra nasce do amor profundo a Jesus Cristo e à Virgem Maria. Quer ser um mero gesto de agradecimento a Maria por seu desvelo e amor maternos. Nasce do desejo de que a Mãe de Deus seja conhecida, acolhida e amada, como seu Filho o quer. Para isso, nada melhor do que deixar-nos guiar pela Igreja.

A estrutura do livro baseia-se na liturgia eclesiástica. Assim embasados, ouvimos a palavra da Escritura, da tradição, do magistério. O testemunho dos santos nos mostra uma relação com Nossa Senhora feita vida. Em semelhante contexto, as reflexões de Francisco Cerro Chaves desejam ser uma singela contribuição dirigida ao nosso coração, para amar e viver mais a Virgem Maria como Mãe de Deus e nossa Mãe.

Agradeço em nome do Sr. Francisco a colaboração de todas as pessoas que trabalharam com ardente dedicação neste livro e o tornaram possível.

Jesus nos dá a Maria, Maria nos dá a Jesus, leva-nos a Ele: é a missão que lhe foi confiada e que fielmente cumpre. Ela nos guia maternalmente no seguimento de Cristo e a Ele nos entrega. A voz da Mãe continua a ressoar na Igreja e em cada coração cristão, como no dia das bodas de Caná: "Fazei tudo o que Ele vos disser".

MIGUEL ANGEL PARDO ALVAREZ
Centro Diocesano de Espiritualidade e de Formação Teológico-Pastoral do Coração de Jesus (Valladolid)

Introdução

ORAÇÃO

🙢 🙢 🙢

Maria, mulher de fé, que tudo esperava do amor de Deus.

Maria mulher

Encanta-me ver-te, ó Maria, mulher maravilhosa,
incomparável presença de mulher,
com essa ternura feminina
que presta à tua vida um atrativo único.
De ti, mulher, enamorou-se
o mesmo Deus que criou os céus e a terra.
Em ti, mulher, de teu seio virginal,
nasceu a Palavra feita carne.
O Espírito Santo fecundou a tua existência,
e tu, mulher, lhe foste fiel.
Mulher fiel desde a anunciação até a cruz,
desde Nazaré até o Cenáculo.
Mulher corajosa. Acolhedora de todos os dramas,
próxima de todas as mulheres que sofrem,
e de todo ser humano carente de amor.
Em ti, mulher de nossa terra,
encontramos nós, pecadores,
força para a caminhada da vida.
Contigo tudo é mais fácil,
tudo é simples ao teu lado.
Obrigado, *Maria-Mulher nova*,
em ti se alegra toda a terra,
pois já és o que desejamos ser,
nós que seguimos o teu Filho, Jesus. Amém.

Maria mãe

Precisamos de ti, *mãe-Maria*,
pois a nossa vida é tão sofrida
que às vezes comemos o pão da dor,
e o nosso suor vira sangue.
Sem embargo, mãe,
tu dás o primeiro passo em nosso rumo.
Achegas-te vestida de singeleza
e imprimes carícias e beijos
em nosso cansado coração.
Permite-me que, como criança,
te chame mãe uma e mil vezes
e navegue, vida afora,
seguro por tua mão.
És incrível,
uma mulher-coragem,
uma mãe-esperança,
uma mãe de mãos abertas.
Quando me dou conta de que és mãe,
todo o medo se vai
como névoa, ao surgir o sol radiante.
Obrigado, mãe,
por ter me dado Jesus,
por acolher-me em teus braços,
por seres a tal ponto mãe para comigo. Amém.

Maria amiga

Permita que te chame *amiga*
pois me é dado contar-te tudo
e tu compreendes todos os dialetos
e línguas do mundo.
Amiga, que sempre escuta
e se coloca em nosso lugar,
por isso sempre és compreensível.
Quero-te bem, amiga minha,
porque conhecer-te é um "barato"

e estar a teu lado
os momentos mais amenos da vida.
Maria-amiga sempre
e em todos os momentos da vida,
que, além de ser Mãe de Deus,
sempre foste sua amiga,
que, além de ser minha mãe,
também és amiga da alma,
a mulher
sempre próxima e sempre bondosa. Amém.

Em todas as missas de Nossa Senhora, Maria aparece:

— como *mulher* que acreditou no amor de Deus,

— como *mãe* que está junto de todos os seus filhos, especialmente quando sofrem,

— como *amiga* ao pé de todas as pessoas de nosso mundo.

1
❧ ❧ ❧

Missas de Nossa Senhora

A força do exemplo da Santíssima Virgem, que resplandece na celebração litúrgica, impele os fiéis a se igualarem à Mãe para se tornarem semelhantes ao Filho. Move-os também a celebrar os mistérios de Cristo com os mesmos sentimentos de piedade com que a Virgem Maria participou no nascimento do Filho, de sua epifania, morte e ressurreição. Urge-os a guardar solicitamente a palavra de Deus e a meditá-la com amor. A louvar a Deus com exultação e a render-lhe graças com alegria. A servir fielmente a Deus e aos irmãos e a oferecer-se a eles com generosidade. A orar com perseverança e implorar confiantemente. A se mostrarem misericordiosos e humildes. A observarem a lei do Senhor e abraçar sua vontade. A amar a Deus em tudo e acima de tudo. A estarem vigilantes, à espera da vinda do Senhor (Missas de Nossa Senhora, Orientações gerais, 17).

Tempo do advento

No tempo do advento a liturgia romana celebra a dupla "vinda do Senhor": a primeira, humilde, quando, ao se cumprir o tempo, o Filho de Deus, tomando a condição humana da Santíssima Virgem, veio ao mundo para salvar os homens; a outra, gloriosa, quando, no fim dos tempos, virá "para julgar os vivos e os mortos" (profissão de fé) e introduzir os justos na casa do Pai, na qual os precedeu a gloriosa Virgem Maria.

A Virgem Maria, filha eleita de Israel

ಈ ಈ ಈ

Gn 12,1-7 ou 2Sm 7,1-7.8b-11.16
Sl 112
Mt 1,1-17

Oração

Ó Deus, que escolhestes
a bem-aventurada Virgem Maria,
que se sobressaía entre os humildes e os pobres,
para Mãe do Salvador,
concedei que, seguindo seus exemplos,
possamos oferecer-vos uma fé sincera
e colocar em vós a esperança
de nossa salvação.
Por nosso Senhor Jesus Cristo...

Prefácio

SANTA MARIA, FILHA DE ADÃO, DESCENDÊNCIA
DE ABRAÃO, VARA DE JESSÉ

Na verdade é justo e necessário,
é nosso dever e salvação
render-vos graças
sempre e em todo o lugar,
Senhor, Pai santo,
Deus eterno e todo-poderoso,
que constituístes a bem-aventurada
Virgem Maria
cume de Israel e princípio da Igreja,
para que todos os povos conheçam
que a salvação vem de Israel

e que a nova família brota do tronco eleito.
Ela, filha de Adão por sua condição humana,
com sua inocência reparou a culpa da mãe primeira.
Descendente de Abraão pela fé,
crendo, concebeu em seu seio.
Ela é a vara de Jessé,
da qual nasceu a flor, Jesus Cristo, Senhor nosso.

São Bernardo

Ó Virgem prudente, ó Virgem consagrada, quem foi que te ensinou que a virgindade agrada tanto a Deus?

Que lei, que norma, que página do Antigo Testamento ordena, aconselha ou exorta a não viver sujeitos aos baixos instintos e levar uma vida angélica sobre a terra?

Tu, no entanto, não tinhas recebido nenhum preceito nem sequer conselho ou exemplo de ninguém. Mas a sua unção te ensinou tudo junto com a palavra de Deus viva e penetrante. Esta palavra foi primeiro a tua mestra e depois se fez teu Filho, iluminando o teu espírito antes de revestir-se com tua carne.

Tu te ofereces a Cristo como virgem, sem conhecer o desígnio pelo qual também te oferecias como mãe. Optas por ser em Israel uma mulher desprezível e incorrer na maldição da esterilidade para congraçar-te com aquele a quem te entregaste. Mas subitamente a maldição se converte em bênção e a esterilidade vê-se agraciada com a fecundidade.

Abre, ó Virgem, o teu seio; dilata o teu regaço; prepara tuas entranhas. Porque o Poderoso está para fazer por ti grandes coisas e desde agora todas as gerações te darão os parabéns, apagando a maldição de Israel.

Virgem prudente, não hesites diante da fecundidade, que não te privará de tua integridade. Vais conceber, e sem pecado. Ficarás grávida e livre. Darás à luz e sem angústias. Não conhecerás varão e gerarás um filho. E que filho? Serás mãe de um filho cujo Pai é Deus. O filho do esplendor deste Pai será a recompensa de teu amor. A sabedoria do coração do Pai será o fruto de teu ventre virginal. Numa palavra: darás à luz a Deus e de Deus conceberás.

Anima-te, Virgem fecunda, casta, que estás grávida, mãe intacta, pois nunca serás maldita em Israel nem considerada estéril. E se o povo carnal de Israel ainda te amaldiçoasse, não seria por tua esterilidade, mas por inveja de tua fecundidade. Lembra-te de que Cristo, também amaldiçoado, padeceu na cruz.

O mesmo que te abençoou nos céus como sua mãe chamou-te bendita por meio do anjo e, finalmente, com toda a justiça te proclamam ditosa todas as gerações da terra.

Bendita, pois, entre as mulheres e bendito o fruto do teu ventre[1].

Oração à filha eleita de Israel

Em ti, Maria, ser chamada significa ser amada

Em ti, Maria, de nossa terra
filha eleita de Israel,
a humanidade ofereceu ao Senhor
o melhor de nosso mundo.
A grandeza de tua vida, ó Maria,
consiste em tua pequenez,
em que sempre amaste o teu Deus,
sempre disponível com o teu sim.
Mulher simples do povo de Israel,
que esperavas confiantemente
num Deus que cumpre suas promessas
e tua fé acreditou no Senhor até o fim.

Mulher judia do povo eleito por Deus,
ajuda-nos a querer bem a nossa terra,
à nossa gente,
e a semear esperança
em todos os rincões do mundo,
em todos os caminhos de nosso planeta. Amém.

---

1. Em louvor da Virgem Mãe, Hom. III, 7-8: Obras completas de São Bernardo II, BAC, Madri, 1984, 649-651.

A bem-aventurada Virgem Maria na anunciação do Senhor

✥ ✥ ✥

Is 7,10-14; 8,10
Sl 39
Lc 1,26-38

Oração

Ó Deus todo-poderoso,
que, pela anunciação do anjo,
quisestes que o vosso Filho
se encarnasse no seio da Virgem Maria,
atendei às nossas súplicas
e fazei com que sintamos a proteção de Maria,
a quem proclamamos verdadeira Mãe de Deus.
Por nosso Senhor Jesus Cristo...

Prefácio

A BEM-AVENTURADA VIRGEM MARIA OUVIU CONFIANTE
O MENSAGEIRO CELESTE

Na verdade é justo e necessário,
Senhor, Pai Santo,
Deus eterno e todo-poderoso,
dar-vos graças sempre
e em todo o lugar,
por Cristo nosso Senhor.
Porque a Virgem acreditou no anúncio do anjo:
que, por obra do Espírito Santo,
Cristo havia de fazer-se homem para salvar os homens,
e amorosamente o carregou em suas puríssimas entranhas.

Assim, Deus cumpriu suas promessas ao povo de Israel
e preencheu de modo insuspeitado
a esperança dos demais povos.

São Gregório de Nissa

O anjo chega onde está Maria e, entrando, lhe diz:
Salve, cheia de graça!
De imediato enobrece a donzela
e trata-a de Senhora,
pois se converteu em Mãe do Senhor.
Salve, cheia de graça!
Eva, tua progenitora, desobedecendo,
foi condenada a dar à luz entre dores.
A ti, sem embargo, o convite à alegria.
Ela gerou Caim
e, com ele, a inveja e a morte.
Tu, sem embargo, pariste um filho
que é para todos fonte de vida incorruptível.

Salve, portanto, e alegra-te.
Salve, a cabeça da serpente jaz esmagada.

Salve, cheia de graça!
Pois findou-se a maldição,
a corrupção foi eliminada,
a tristeza cessou,
floresceu a alegria,
cumpriu-se o alegre anúncio dos profetas.

O Espírito Santo te pré-anunciava
falando pela boca de Isaías:

    Eis que a Virgem conceberá
    e dará à luz um filho.
    Esta Virgem eras tu.

Salve, portanto, cheia de graça!
És grata àquele que te criou...
És grata ao que se encanta com a beleza das almas;

encontraste um esposo que protege
e não corrompe a tua virgindade;
encontraste um esposo que, com grande amor,
quis converter-se em teu filho.

O Senhor está contigo.
Está em ti e em toda a parte,
está contigo e por ti.
O Filho no seio do Pai,
o Unigênito em teu seio;
o Senhor, no mundo que só ele conhece,
todo em todos, e todo em ti.

Bendita és tu entre as mulheres.
Porque foste preferida a todas as virgens;
porque foste digna
de hospedar o Senhor:
porque em ti acolheste
aquele que é tão grande
que não há no mundo nada
que o possa conter;
recebeste aquele que de si tudo enche
por te haveres convertido no lugar
em que se efetua a salvação;
porque és o veículo que introduziu
o rei na vida,
porque se manifestou como um tesouro,
como uma pérola espiritual.

Bendita és tu entre as mulheres[2].

São Tomás de Villanova

Faça-se em mim segundo a tua palavra, disse, e no mesmo instante o Verbo em seu seio se encarnou.

---

2. Homilia sobre a Anunciação, em C. BERSELLI-G. GHARIB (eds.), *Louvores a Nossa Senhora das Igrejas de Oriente e Ocidente no primeiro milênio*, Narcea, Madri, 1987, 28-30. Doravante citaremos: *Louvores a Nossa Senhora*.

Ó *fiat* poderoso, ó *fiat* eficaz, ó *fiat* superior a qualquer outro, digno de honra perpétua!

Com um *fiat* o mundo foi criado, com esta palavra o Altíssimo fez as criaturas celestes e terrestres; mas no mundo não houve, ó Virgem bem-aventurada, outro *fiat* comparável ao que tu pronunciaste.

De fato, o que aconteceu? Quem pode dizer o que aconteceu? A natureza fica assombrada, o juízo suspenso, o sentido se embota, emudece a língua, a razão desfalece, o entendimento não pode compreender o que aconteceu em Maria ao pronunciar aquela frase: *Faça-se em mim segundo a tua palavra*, pois no mesmo instante *o Verbo se fez carne*; de súbito, por obra do Espírito Santo, formou-se do sangue puríssimo de Maria o sagrado corpo do Senhor; surgiu organizado, animado e no mesmo instante unido ao Verbo de Deus.

Que eficácia teve este *fiat*!

Disse Deus: *Faça-se a luz*, e a luz foi feita; Maria disse: Faça-se a luz, e a luz foi feita. Disse Deus: *Haja um firmamento no meio das águas*; Maria disse: *Fiat* o firmamento entre os pecadores. Disse Maria: *Fiat* o Verbo carne, Deus homem, e isto se fez.

Ó quão poderosa é a voz de Maria![3]

Orar com a Anunciação

Escuta-nos, Maria, seja para nós a força quando enfraquecemos

Ainda me lembro de como foi.
Era um dia de primavera.
Quando estava na cozinha,
visitou-me aquele mensageiro de Deus...
Sim, o seu nome era Gabriel.
Foi um "barato".
Sua presença me perturbou.
Ele vinha pedir-me da parte de Deus

---

3. Na Anunciação da bem-aventurada Virgem Maria, sermão II, 6, e sermão VII, 7. *Obras completas de São Tomás de Vilanova*, BAC, Madri, 1952, 254 e 311.

um sim incondicional.
O Senhor queria a minha vida
para fazer-se homem para sempre.
Aconteceu na minha pobre vida.
Ainda enrubesço
quando lembro a delicadeza do senhor
com esta pobre criatura.
Ainda hoje estremeço
de alegria
quando recordo
com os últimos clarões da luz,
sua presença embriagadora. Amém.

Visitação da bem-aventurada Virgem Maria

☙ ☙ ☙

Sf 3,14-18a ou Ct 2,8-14
Salmo: Is 12,2-6
Lc 1,39-56

Oração

Ó Deus, Salvador dos homens,
que, por meio da bem-aventurada
Virgem Maria,
arca da nova aliança,
trouxestes à casa de Isabel a salvação e a alegria,
concedei-nos ser dóceis à inspiração do Espírito
para podermos levar Cristo aos nossos irmãos
e proclamar vossa grandeza com nossos louvores
e a santidade de nossa vida.
Por nosso Senhor Jesus Cristo...

Prefácio

SANTA MARIA, BEM-AVENTURADA PELA FÉ
NA SALVAÇÃO PROMETIDA

Na verdade é justo e necessário,
é nosso dever e salvação
dar-vos graças,
sempre e em todo o lugar,
Senhor, Pai Santo,
Deus eterno e todo-poderoso.
Que pelas palavras proféticas de Isabel,
movida pelo Espírito Santo,

nos manifestais a grandeza
da Virgem Maria.
Porque ela é saudada como feliz
por sua fé na salvação prometida,
e, por sua atitude de serviço,
é reconhecida como Mãe do Senhor
pela mãe de seu futuro Precursor.
Por isso, unidos alegremente
ao Cântico da Mãe de Deus,
proclamamos a vossa grandeza.

São João de Ávila

A humildade não só alcança e conserva a graça, mas é sinal que manifesta a sua presença no humilde; ao contrário, a soberba é sinal de sua ausência.

Isto nos foi demonstrado quando a Virgem, ao conceber o Filho de Deus, logo praticou o ato de humildade de ir visitar e servir a quem lhe era inferior.

Coisa maravilhosa é que quem está repleto de Deus mais se humilha servindo seu próximo e mais se rebaixa aos próprios olhos; e quanto mais Deus o exalta, mais se humilha! Isto é obra do céu, pois não é de uso na terra; mas a Virgem o fez como que ensinada por Deus, e muito nos devemos maravilhar com isso.

Imitemos todos a humildade da Virgem, pois é para todos espelho... Quem possui a Deus é conhecido pela humildade.

Se na terra existe conhecimento de Deus, este é atributo de seus amigos. Mas tamanha é a cegueira da soberba, que impede de ver até o mais claro. Ali não está Deus, cujo espírito é *humilde e manso*.

Quem quiser possuir a Deus, que seja humilde e imite Nossa Senhora, que, estando grávida de Deus, vai servir àquela que engravidou de um homem.

Não vai tagarelar nem vagar pelas ruas, nem fazer alarde dos vestidos e da formosura, mas servir à anciã e grávida, pois tal deve ser o objetivo das visitas. Não conta novidades, não fala mal de ninguém, mas serve com obras e edificação da palavra, aproveitando à mãe e ao filho. Ambas entoam cânticos a Deus[4].

Santo André de Creta

Bendita és tu entre as mulheres e bendito o fruto do teu ventre

Com razão és bendita, pois Deus te abençoou e foste o seu tabernáculo quando em teu seio carregaste inefavelmente a Cristo Jesus, verdadeiro homem totalmente repleto da glória do Pai e verdadeiro Deus, já que possui perfeitamente ambas as naturezas. Bendita sem dúvida és tu, que concebeste sem conhecer varão, pois aquele que criou o mundo transformou em céu a terra de tua virgindade.

Bendita és tu entre as mulheres, escolhida para herdar a bênção que Deus prometeu aos povos por meio de Abraão.

Bendita és tu, pois foste constituída Mãe de Jesus Cristo, teu filho bendito, nosso Salvador, e graças a ti o povo pôde aclamá-lo, dizendo:

Bendito o que vem em nome do Senhor[5].

Prece para servir como Maria

Servem o mundo os que vivem para amar

Obrigado, Senhora do serviço
por acudires prontamente aos necessitados,
porque te entregas sem reservas a todos
e sabes tratar com delicadeza tua família e a de Isabel.

Obrigado por venceres quilômetros de esperança,
para levar a alegria de Jesus.
Por nos conduzires em teu seio à "terra prometida"
onde brotará de seu coração
a doçura do "leite e mel".

---

4. Sermão 66: Visitação de Maria, *Obras completas do santo mestre João de Ávila III*, BAC, Madri, 1970, 108-110.
5. Sermão da Anunciação, em G. PONS, *Textos marianos dos primeiros séculos*, Ciudad Nueva, Madri, 266-267. Doravante, citaremos a obra só pelo título.

Obrigado, Senhora,
que serves com mãos calejadas
como as de minha mãe
e estás sempre disponível
para aproximar dos homens o amor de Cristo.

Obrigado, Senhora, pelo serviço,
obrigado por teu amor que se faz serviço gratuito
e vives na casa dos necessitados
partilhando teto e pão. Obrigado, Mãe. Amém.

Tempo do natal

No tempo do natal, a Igreja celebra os mistérios da infância de Cristo salvador e suas primeiras manifestações. Por isso, neste tempo litúrgico que termina com a festa do batismo do Senhor, inclui-se também uma missa referente à manifestação do Senhor em Caná da Galiléia.

A Santíssima Virgem, por desígnio de Deus, interveio de modo admirável nos mistérios da infância e da manifestação do Salvador quando gerou virginalmente o Filho, mostrou-o aos pastores e aos magos, apresentou-o no templo e ofereceu-o ao Senhor; quando fugiu para o Egito, procurou o Menino perdido, levou com ele e com seu esposo José uma vida santa e laboriosa na casa de Nazaré, quando finalmente, no banquete de casamento, rogou pelos esposos ao Filho, que "deu início a seus sinais" e "manifestou sua glória".

Santa Maria, Mãe de Deus

※ ※ ※

Gl 4,4-7
Sl 21
Lc 2,15b-19

Oração

Ó Deus, que enviastes do céu
ao seio da Santíssima Virgem,
o vosso Filho, palavra de salvação e pão da vida,
concedei-nos receber Cristo como ela,
conservando no coração suas palavras
e celebrando com fé seus mistérios.
Por nosso Senhor Jesus Cristo...

Prefácio

SANTA MARIA ALEGRA-SE POR TER DADO À LUZ
O REDENTOR PERMANECENDO VIRGEM

Na verdade é justo e necessário,
é nosso dever e salvação
dar-vos graças
sempre e em todo o lugar.
Senhor, Pai santo,
Deus eterno e todo-poderoso.
Porque por um admirável mistério
e um inefável desígnio,
a Virgem Santa concebeu o vosso Unigênito
e carregou encerrado no seio
o Senhor do céu.
É mãe a que não conheceu varão
e, depois do parto, permaneceu virgem.

Gozou, de fato, de dois privilégios:
admira-se por ter concebido virgem,
alegra-se por ter dado à luz o Redentor.

Santo Efrém

Esta é a Virgem Maria,
que é tua mãe e tua irmã,
tua esposa e tua serva;
sobre ti se inclina a que te gerou
e sem cessar te acaricia;
canta os teus louvores, invoca-te e confessa o teu nome;
dá-te o leite de seu peito, abraça-te,
entoa-te acalantos e sorri ao ver-te criança.
E tu também sorris e te alegras
e sorves o leite do peito de tua mãe.
Ela pasma e se admira, por ser tua criatura.
Enche tua Mãe de emoção, Senhor. Glória a ti[1].

São João da Cruz

Então chamou um arcanjo
que São Gabriel se dizia
e enviou-o uma donzela
que se chamava Maria
de cujo consentimento
o mistério dependia;
em cujo seio a Trindade
de carne o Verbo vestia;
e embora três façam a obra
num só ela se fazia;
e ficou o Verbo encarnado
nas entranhas de Maria.

---

1. Hino de Natal, em J. CASTELLANO, *El año litúrgico*, CPL, Barcelona, 1994, 323. A seguir citaremos a obra só pelo título.

E o que só o pai possuía
também a Mãe já adquiria,
embora não como um qualquer
que de varão concebia
pois que das entranhas dela
ele a carne recebia;
por isso Filho de Deus
e do homem se dizia.

Já que era chegado o tempo
em que ele nascer devia,
como varão desposado
do seu tálamo saía
abraçado com sua esposa,
que em seus braços trazia,
ao qual a graciosa Mãe
num presépio adormecia
entre uns vis animais
que na ocasião ali havia.

Os homens entoavam cantares
e os anjos melodia
festejando o desponsório
que entre dois havia;
no entanto, Deus no presépio
ali chorava e gemia,
que eram jóias que a esposa
ao desponsório trazia;
e a Mãe vendo-o, pasma
de que tal troca se fazia:
em Deus o pranto do homem
e no homem a alegria,
o qual de um deles e do outro
tão alheio ser soía[2].

---

2. Poema *In principio erat Verbum*, 8-9, em SÃO JOÃO DA CRUZ, *Obras completas*, Ed. de Espiritualidad, Madri, 1988, 56-57.

Prece à Mãe de Deus

*Coisa incrível! De uma Mulher-Mãe-Virgem nasce
o onipotente e bondoso Senhor*

Mãezinha boa,
ternura na rude luta de cada dia.
Mãe de Deus e nossa,
ajuda-nos, que somos pecadores necessitados.
Mãe de coração grande, amada de Deus,
ensina-me a viver como tu,
aberto ao plano de amor do Senhor.
Tu foste escolhida,
tua fé enamorou o próprio Deus,
e tua singeleza o "enlouqueceu",
e quis que fosses a sua Mãe.
Não quis renunciar ao gozo
de deixar-se acalentar em teus braços
e ouvir de teus lábios
um *meu filho*, pronunciado com teu amor, Maria.
Mãe de Deus,
roga por nós que a ti recorremos. Amém.

Virgem, Mãe do Salvador

Is 9,1-3.5-6
Sl 95
Lc 2,1-14

Oração

Ó Deus, que pela maternidade virginal de Maria
outorgastes aos homens
os benefícios da salvação,
concedei-nos sentir a intercessão materna
daquela que nos deu o autor da vida,
vosso Filho Jesus Cristo.
Que convosco vive e reina...

Prefácio

O SALVADOR SAIU DE MARIA COMO UM ESPOSO
DE SEU LEITO NUPCIAL

Na verdade é justo e necessário,
é nosso dever e salvação
dar-vos graças
em todo o tempo e lugar.
Senhor, Pai santo,
Deus eterno e todo-poderoso,
principalmente neste tempo
em que nos revelastes
das profundezas do seio de uma Virgem,
como luz dos povos
e sacramento de nossa salvação
vosso Filho Jesus Cristo.
Ele, como esposo que sai do leito nupcial,

brilhou a nossos olhos como Senhor e Salvador,
para nos arrancar das trevas e sombras
da morte
e nos levar ao reino da luz sempiterna.

Santo Agostinho

Já que a Virgem concebeu e deu à luz um filho, sob a manifesta forma de servo, *nasceu-nos um menino*. Já que a Palavra de Deus perenemente imutável se fez carne para habitar entre nós, unido à forma de Deus, oculta mas estável, damos-lhe o nome de *Emanuel*, conforme anunciou Gabriel. Permanecendo em seu ser, Deus fez-se homem, para que o filho do homem se chame justamente Deus conosco; não se trata de um que é Deus e outro, homem.

Regozije-se, portanto, o mundo nas pessoas dos crentes, por cuja salvação veio o salvador do mundo. O criador de Maria nasceu de Maria; o filho de Davi é Senhor de Davi; da estirpe de Abraão ao que existe antes de Abraão. O criador da terra foi feito na terra; o criador do céu foi criado debaixo do céu. Ele é o dia que o Senhor fez, e o mesmo Senhor é o dia de nosso coração. Caminhemos em sua luz, nele exultemos e nos alegremos[3].

São Luís Grignion de Montfort

Ó filhos de Maria, bendizei ao senhor
pela graça e suavidade que nela infundiu.
Maria deu à luz o Senhor soberano.
Corramos a visitar e dar glória e honra
a Mãe tão excelsa.

Virgem maravilhosa, prodígio de bondade,
Mãe feliz do Verbo, abençoada por Deus;
imensa é a nossa felicidade, tu nos deste a vida,

---

3. Sermão 187, 4, em *Obras completas de Santo Agostinho*, XXIV, BAC, Madri, 1983, 18-19.

rompes nossas cadeias e nos dás felicidade e ventura.
O Senhor te abençoe.
Finalmente, as profecias do Antigo Testamento
acabam realizando-se quando dás à luz.
Por ti o céu recebe novo esplendor, tu esmagas
a cabeça do demônio e alcanças o perdão
ao pecador infiel.
Sem combates lograstes, por teu consentimento,
o que toda a terra ansiosa procurava.
Bendita és por tua fé! Glória, honra e louvor!
Porque acreditaste no anúncio do anjo,
nasceu-nos o Salvador.
És encantadora em tua santa pureza;
és poderosa em tua imensa humildade.
Conquistaste a Deus e o trouxeste ao mundo;
tua divina beleza o obrigou a fazer-se homem,
e ele não te pôde resistir.
Por ti, Rainha do céu, Deus baixou à terra,
e nossa natureza eleva-se até o céu.
Poderoso milagre!
Deus faz-se nosso irmão.
Plasmas o teu Criador, geras o Salvador,
que é teu Pai e Senhor!
Este excelso Monarca mostrou-se poderoso
fazendo de ti sua grande obra-prima;
em ti tudo é mistério, mistério e maravilha:
dás à luz sem dor e geras com a glória
de seres virgem e mãe.

Jesus ama o estábulo, porém mais ama a ti;
seu leito e sua morada, Mãe, é o teu coração!
E o teu peito é seu trono mais plácido e radiante,
donde ostenta a sua glória, e perdoa e redime,
e derrama seus dons.

Deliciosa ternura, sorriso prazenteiro,
celestiais carícias as que o Menino te oferece.

Quão ditoso o teu seio, ó Virgem fiel e pura,
que pôde conter, carregar e dar sustento
à Sabedoria eterna!
   Deus só![4]

Oração à Mãe do Salvador

A nossa terra, sem o saber, precisa de Cristo,
Salvador de todos os homens.

Estamos, ó Mãe, gritando dentro da noite.
Nosso povo e as cidades
estão expostas a tantas ameaças...
Sem o Senhor, a tristeza sobre nós se precipita,
a morte parece ter a última palavra.
Sem o Salvador, a vida carece de sentido,
como se esvai uma tarde festiva.
Mãe do Salvador,
Virgem fecunda,
ajuda-nos em nossa caminhada
pois cansados já vão os nossos pés.
Traz-nos a esperança que se chama Jesus,
para ser testemunha de seu amor entre os homens.
Estamos tão necessitados, Mãe.
Acolhe a nossa humilde súplica
quando o sol se esconde. Amém.

---

4. Cântico dos filhos de Maria (Cântico 63), em S. Luis Maria Grignion de Montfort, *Obras*, BAC, Madri, 1984, 669-670.

Nossa Senhora na epifania do Senhor

❧ ❧ ❧

Is 60,1-6
Sl 71
Mt 2,1-12

Oração

Ó Deus, que pela santíssima Virgem
manifestastes o vosso Filho ao mundo
como glória de Israel e luz das nações.
Concedei-nos que, seguindo o exemplo de Maria,
fortaleçamos nossa fé em Cristo
e o reconheçamos como único Mediador
e Salvador de todos os homens.

Prefácio

POR MEIO DE NOSSA SENHORA,
CRISTO SE MANIFESTA AO MUNDO

Na verdade é justo e necessário,
é nosso dever e salvação
dar-vos graças
sempre e em todo o lugar.
Senhor, Pai santo,
Deus eterno e todo-poderoso.
Pois, pela mediação da Virgem Maria
atraís à fé do Evangelho
todas as famílias.
Os pastores, primícias da Igreja de Israel,
iluminados por vosso esplendor
e advertidos pelos anjos,
reconhecem a Cristo Salvador.

Também os magos,
primeiros rebentos da Igreja dos pagãos,
impelidos por vossa graça e guiados pela estrela,
entram na humilde casa
e, encontrando o Menino com sua Mãe,
o adoram como Deus, proclamam-no como Rei
e o confessam como Redentor.

Hino acatista

Ouviram os pastores
os coros angélicos
que cantavam o Senhor feito homem.
Para ver o Pastor, vão correndo;
contemplam um inocente Cordeiro
que do leite materno se nutre,
e à Virgem cantam:

Salve, nutriz do Pastor e Cordeiro;
Salve, aprisco de fiéis rebanhos.

Salve, barreira contra as feras hostis;
Salve, entrada que dá para o paraíso.

Salve, por ti com a terra
    exultam os céus;
Salve, por ti com os céus
    alegra-se a terra.

Salve, boca dos apóstolos
    que jamais emudece;
Salve, força dos mártires
    que ninguém subjuga.

Salve, fundamento inconcusso;
Salve, estandarte fulgente de graça.

Salve, por ti é despojado o averno
Salve, por ti nos revestimos da glória.

Salve, Virgem e esposa!

Observando a estrela
que para Deus os guiava,
os magos seguiram seu brilho.
Era tocha segura em sua rota;
conduziu-os até o rei poderoso.
Ao chegarem ao inatingível,
cantam: Aleluia!

Os magos contemplaram
entre os braços maternos
aquele que com suas mãos plasmou o homem.
Compreenderam que Ele era o seu Senhor,
apesar da aparência de escravo;
pressurosos, oferecem-lhe seus dons
e proclamam a Mãe:

Salve, ó Mãe do sol sem ocaso;
Salve, aurora do místico dia.

Salve, tu que apagas fogueiras de erros;
Salve, tu que revelas aos crentes o Deus trino.

Salve, tu que derrubas de seu trono
    o tirano inimigo;
Salve, tu que nos mostras Cristo
    nosso Senhor e Amigo.

Salve, tu que nos libertastes
    de bárbaros ritos;
Salve, tu que nos redimistes
    de ações menosprezáveis.

Salve, tu que destróis o culto do fogo;
Salve, tu que extingues as chamas do vício.

Salve, caminho para a santa temperança;
Salve, alegria de todos os povos.

Salve, Virgem e esposa!

Portadores e arautos
de Deus eram os Magos
de regresso, lá na Babilônia.
Cumpria-se o antigo oráculo

quando a todos falavam de Cristo,
sem pensar no néscio Herodes
que não canta: Aleluia!⁵

Oração a Santa Maria da Epifania

Tudo é mensagem de seu amor,
declaração de amor por ti

Santa Maria, mulher nova,
que descobriste em tua vida
que tudo é manifestação do amor de Deus
para conosco.

Faz-nos abrir os olhos
e tudo contemplar,
à luz do amor do coração de Deus.

Santa Maria, mãe acolhedora,
ajuda-nos a ver o Senhor
em todos os acontecimentos da vida,
os que nos agradam e os que nos molestam.

Ajuda-nos, sempre amiga,
a ser, como tu, "epifania" para os homens,
que, pela nossa vida,
eles vejam o coração do Senhor. Amém.

---

5. *Akathistos*, 7-10, em *Textos marianos dos primeiros séculos*, 178-180.

Nossa Senhora na apresentação do Senhor

🙵 🙵 🙵
Ml 3,1-4
Sl 23
Lc 2,27-35

Oração

Nós vos rogamos, Senhor, que a Igreja virgem
conserve íntegra a nova aliança do amor,
e, imitando a humildade de vossa serva,
que vos apresentou no templo
o autor da nova lei,
mantenha pura a fé,
robusteça a esperança no alto
e alimente uma intensa caridade.
Por nosso Senhor Jesus Cristo...

Prefácio

A BEM-AVENTURADA VIRGEM MARIA,
MEDIANEIRA DO DOM DA SALVAÇÃO

Na verdade é justo dar-vos graças,
é nosso dever dar-vos glória, Pai santo,
nesta memória da bem-aventurada
Virgem Maria.
Ela é a filha de Sião
que, cumprindo a lei,
vos apresentou o Filho no templo,
glória do vosso povo de Israel
e luz das nações.
Ela é a Virgem posta a serviço
da obra da salvação,

que vos oferece o cordeiro sem mancha
para o sacrifício no altar da cruz.
Ela é a Virgem Mãe,
que se alegra pelo Filho bendito
e se aflige pela profecia do velho Simeão,
mas exulta pelo povo
que vai ao encontro do Salvador.
Assim, Senhor, por tua disposição,
o mesmo amor associa o Filho à sua Mãe,
a mesma dor os une
e uma idêntica vontade de agradar-vos os move.

João Paulo II

O "sim" da Anunciação não constituiu apenas a aceitação da maternidade proposta, mas significou sobretudo o compromisso de Maria ao serviço do mistério da redenção. A redenção foi obra do Filho; Maria associou-se a ela em um nível subordinado. A sua participação, todavia, foi real e efetiva.

Dando o seu consentimento à mensagem do anjo, Maria aceitou colaborar em toda a obra da reconciliação da humanidade com Deus, tal como o seu Filho a realizaria.

Maria teve uma primeira referência clara do que seria o caminho escolhido por Jesus durante a apresentação no templo. Depois de expor as contradições que o Menino encontraria em sua missão, Simeão dirigiu-se a ela e disse: "Uma espada trespassará a tua alma".

O Espírito Santo impelira Simeão a ir ao templo precisamente no momento em que Maria e José lá chegavam para apresentar o Menino. Sob inspiração do Espírito Santo, Simeão pronunciou as palavras proféticas que iluminaram Maria sobre o destino doloroso do Messias e sobre o grande drama em que o seu coração materno seria envolvido.

Maria compreendeu então mais claramente o significado do gesto da apresentação. Oferecer o seu Filho era expor-se voluntariamente à espada. Comprometida pelo "sim" da Anunciação e disposta a chegar até o fundo no dom de si mesma à obra da salvação, Maria não recuou perante a perspectiva do grande sofrimento que lhe era anunciado.

A orientação para o sacrifício redentor dominou toda a vida materna de Maria. Ao contrário das outras mães, que não podem conhecer com antecipação os sofrimentos que lhes virão de seus filhos, Maria sabia já desde aqueles primeiros dias que sua maternidade a encaminhava para uma prova suprema.

Para Ela, a participação no drama redentor foi o termo de um longo caminho. Depois de constatar que a predição das contradições que Jesus teria suportado ia se realizando nos acontecimentos da vida pública, Ela compreendeu mais vivamente, aos pé da cruz, o que significavam aquelas palavras: "Uma espada trespassará a tua alma".

A presença no Calvário, que lhe permitia unir-se com todo o coração aos sofrimentos do Filho, fazia parte do desígnio divino: o Pai queria que Ela, chamada à mais total cooperação no mistério da redenção, fosse integralmente associada ao sacrifício e compartilhasse os sofrimentos do Crucificado, unindo a própria vontade à sua, no desejo de salvar o mundo.

Esta associação de Maria ao sacrifício de Jesus põe em evidência uma verdade que encontra sua aplicação também em nossa vida: aqueles que vivem profundamente unidos a Cristo são destinados a compartilhar em profundidade o seu sofrimento redentor.

Agradecendo a Maria por sua cooperação na obra redentora, não podemos deixar de pedir o seu auxílio materno para que, por nossa vez, possamos seguir o caminho da cruz e obter, mediante a oferta de nossos sofrimentos, uma vida mais fecunda[6].

Prece a Santa Maria na apresentação do Senhor

A Igreja hoje segue apresentando ao mundo
o Cristo vivo

Santa Maria, que apresentas o Senhor no templo,
faz com que vivamos de fé, esperança e amor,
para levar os homens
ao mais íntimo do coração de Cristo.

---
6. Audiência geral in *Osservatore Romano*, 4 de maio de 1983, p. 232.

Graças te damos por entrares no templo
como uma israelita qualquer,
por não teres nenhum privilégio,
pois não te compuseram uma oração especial.
Tu te colocaste na fila como as mães israelitas
e, quando chegou a tua vez,
passaste com teu Filho como "mais uma",
e aceitaste passar por nossa terra, pelo templo
quase despercebida de todos...
Só Simeão... os que esperavam,
te faz uma profecia
que fala duma espada de dor.
Não obstante, amavas os caminhos do Senhor,
e não recuaste.

Santa Maria,
faze com que a Igreja
continue a apresentar Jesus aos homens,
falando a linguagem dos pobres
como tu, no templo. Amém.

Nossa Senhora de Nazaré

🙞 🙞 🙞

1: Gl 4,4-7
Sl 130
Lc 2,22.39-40 ou Lc 2,41-52
2: Cl 3,12-17
Sl 83
Mt 2,13-15.19-23

Oração

Senhor, Pai Santo,
que, por disposição admirável
quisestes que vosso Filho nascesse de uma mulher
e a ela se sujeitasse,
concedei-nos penetrar mais profundamente
no mistério do Verbo encarnado
e levar uma vida escondida na terra
até que, em companhia da Virgem Maria,
mereçamos entrar alegremente em vossa casa.
Por nosso Senhor Jesus Cristo...

Prefácio

VIDA DA VIRGEM MARIA NA CASA DE NAZARÉ

Na verdade é justo dar-vos graças,
e nosso dever glorificar-vos, Pai Santo,
nesta celebração da gloriosa Virgem Maria.
Ela, em Nazaré, ao receber com fé
o anúncio do anjo,
nos gera no tempo, como salvador e irmão,
o vosso Filho, gerado na eternidade.

Em Nazaré, vivendo unida a seu Filho,
animou os inícios da Igreja,
oferecendo-nos um luminoso exemplo de vida.
Em Nazaré, a mãe, feita discípula do Filho,
recebeu as primícias do evangelho,
guardando-as no coração
e meditando-as na mente.
Em Nazaré, a Virgem puríssima
unida por vínculo estreitíssimo e virginal
a José, homem justo,
vos celebrou com cânticos, adorou em silêncio,
louvou com a vida e glorificou com seu trabalho.

Santa Teresa de Lisieux

Ó Mãe, quisera eu cantar
porque te amo!
Porque teu doce nome
faz meu coração saltar de gozo
e porque a lembrança de tua suma grandeza
não poderia à minha alma inspirar temor.
Se eu te contemplasse em tua sublime glória,
muito mais resplandecente em si mesma
do que a glória de todos os eleitos juntos,
não poderia acreditar que sou tua filha...
Maria, em tua presença baixaria os olhos.

Para que uma filha possa amar sua mãe
faz-se necessário que esta saiba chorar com ela,
que com ela divida penas e dores.
Ó doce rainha de minha alma,
quantas e quão amargas lágrimas choraste no desterro
para conquistar-me o coração, ó rainha!
Meditando em tua vida
tal como a descreve o evangelho,
atrevo-me a fitar-te e até de ti aproximar-me.
Não me custa crer que sou tua filha,
quando vejo que morres,

quando vejo que sofres
como eu.
Ensina-me o evangelho de Jesus,
que permaneceu submisso a Maria e José
enquanto crescia em idade, sabedoria e graça.
E o coração me diz
com que imensa ternura por seus pais queridos
ele sempre obedeceu!
Agora é que compreendo
o mistério do templo,
a resposta e o acento de meu amável rei.
Teu meigo Filho, Mãe,
quer ver em ti o exemplo vivo
da alma que o procura
às escuras, na noite da fé...
Já que o Rei quis ver sua Mãe
exposta à noite,
exposta à angústia
do coração,
será por acaso uma graça sofrer aqui na terra?
Ó sim!... Sofrer amando é a felicidade mais pura!
Jesus pode tomar de novo o que me deu,
dize-lhe que por mim nunca se angustie.
Pode, se bem entende, esconder-se de mim,
resigno-me a aguardá-lo
até que sobrevenha o dia sem ocaso
em que minha fé para sempre se apagará.

Eu sei que em Nazaré, Virgem cheia de graça,
viveste pobremente sem maiores ambições.
Nem êxtases, nem arroubos, nem milagres
embelezaram tua vida, ó Rainha dos eleitos!
Numerosos são na terra os pequeninos,
e podem, sem receio, erguer os olhos para ti.
Pelo caminho ordinário, ó Mãe incomparável,
tu caminhas, guiando-os para o céu!

Contigo quero viver, Mãe amada,
seguir-te no desterro, dia a dia.

Absorvida em tua contemplação, eu me surpreendo
e de teu imenso coração descubro
os abismos de amor.
Teu maternal olhar desvanece meus receios,
e me ensina a chorar e me ensina a rir[7].

Prece a Santa Maria de Nazaré

Nazaré é viver amando na pobreza
de nossa vida cotidiana

Chove sobre Nazaré,
Jesus voltou do trabalho
e se dispõe a cear.
Amanhã, sábado, iremos à igreja
rezar ao bom Deus
para que continue a ajudar-nos
na educação de Jesus.
Ó se o visses!...
É a alegria dos nossos corações.
Como vai crescendo e se fortalecendo.
Enquanto olho pela janela
recordo as promessas do Senhor
que se cumprem de época em época.
Quanto recebi do amor de Deus!
Toda a eternidade não bastará
para dar-lhe graças por tudo.
Agora, enquanto a chuva cai sobre Nazaré,
sinto em meu coração
que ninguém é mais feliz do que eu,
que sou tua pobre escrava. Amém.

---

[7]. Por que te amo, ó Maria! (poema 44), em TERESA DE LISIEUX, *Obras completas*, Monte Carmelo, Burgos, 1984, 799 e 803.

Nossa Senhora em Caná

🙵 🙵 🙵

Ex 19,3-8a
Sl 118
Jo 2,1-11

Oração

Senhor, Pai santo
que, por disposição admirável,
quisestes que a bem-aventurada Virgem Maria
estivesse presente nos mistérios
da nossa salvação,
concedei-nos
que, atendendo às palavras da Mãe de Cristo,
façamos o que vosso Filho
nos mandou no evangelho.
Por nosso Senhor Jesus Cristo...

Prefácio

A BEM-AVENTURADA VIRGEM MARIA MANDA AOS SERVENTES
QUE CUMPRAM AS ORDENS DE CRISTO

Na verdade é justo dar-vos graças,
é nosso dever glorificar-vos, Pai santo,
nesta celebração da gloriosa Virgem Maria.
Ela, solicitada pelos novos esposos, rogou a seu Filho
e mandou os serventes cumprirem suas ordens:
as talhas de água avermelharam-se,
os convivas se alegraram,
e aquele banquete simbolizou
o que Cristo oferece todos os dias à sua Igreja.
Este sinal maravilhoso

anunciou a chegada do tempo messiânico,
predisse a efusão do Espírito de santidade
e assinalou de antemão a hora misteriosa
em que Cristo se paramentou
com a púrpura de sua paixão
e ofereceu a vida na cruz
por sua esposa, a Igreja.

Romano Melódio

Os convidados deleitavam-se na boda
e Cristo estava presente.
Mas, quando lhes faltou o vinho,
a alegria transformou-se em tristeza.
O recém-casado enfadou-se,
os copeiros murmuravam partilhando
um triste lamento,
e da sala elevava-se não pequeno tumulto.
Ao ver isto, Maria, a puríssima,
dirigiu-se prontamente ao filho:
"*Eles não têm vinho. Rogo-te, filho,
mostra que tudo podes,*
  já que tudo criaste com sabedoria".

João escreveu, inspirado por Deus,
que Cristo ainda não realizara
prodígio algum.
Por favor, Virgem venerável,
que milagres presenciaste
para saber que teu filho,
sem ter vindimado a uva,
podia fornecer vinho?
Mostra-nos por que o moveste a fazê-lo,
se não havias presenciado nenhum milagre seu.
O problema que se nos apresenta
não é simples; saber por que
disseste a teu filho: "*Dá-lhes vinho,
  Tu, que tudo criaste com sabedoria*".

Esforcemo-nos por compreender
o que nos diz a mãe do Deus do universo:
"*Escutai, amigos,*
instruí-vos e conhecei os mistérios.
Eu vi meu filho realizar prodígios
antes mesmo deste milagre.
João ainda não era discípulo de Cristo
quando Ele já fazia milagres;
ele testemunhou o início de seus milagres em Caná,
como bem sabe o meu filho,
    que tudo criou com sabedoria.

Já que ninguém acredita firmemente
nos fatos não registrados por escrito
por testemunhas oculares, deixá-los-ei de lado.
Mas citarei outros maiores que realmente conheci.
Ainda sem ter conhecido varão, dei à luz um filho
que sobrepuja a natureza e a razão
e, como antes, continuo virgem.
E ainda pedes milagre maior
do que este parto?
Gabriel veio a mim e declarou-me como nasceria
    Aquele que tudo criou com sabedoria.

Após ter eu concebido,
ouvi Isabel que me chamava
Mãe de Deus, antes ainda de ter dado à luz.
Depois do parto,
Simeão celebrou-me, Ana me exaltou;
da Pérsia vieram uns magos procurar-me
porque uma estrela
anunciara o parto antecipadamente;
pastores e anjos converteram-se
em arautos da alegria,
e a criação com eles se regozijou.
Nada maior do que esses milagres
poderia eu imaginar para crer que meu filho é
    O que tudo criou com sabedoria".

"*Eu sabia, Virgem venerável, antes do que Tu,*
que o vinho viria a faltar",

*respondeu sem tardar o inefável,
o misericordioso à sua venerável Mãe.
Conheço o que teu coração
cogitava a este respeito:
"A necessidade compele o meu filho a fazer o milagre,
e Ele o difere sob pretexto do tempo".
Compreende, Mãe, o motivo da espera,
e quando o fizeres, conceder-te-ei esta graça,
   Eu, que tudo criei com sabedoria.
Compreende minhas palavras, ó Santa:
minha intenção era de, em primeiro lugar,
anunciar e ensinar a Israel
a esperança da fé, para que se inteirassem,
antes de qualquer milagre,
de quem me enviou
e conhecessem a glória do meu Pai e sua vontade,
pois Ele quer que eu
seja com Ele glorificado em todos.
O que faz aquele que me gerou
é o mesmo que eu faço
porque sou consubstancial a Ele e ao Espírito
   Eu, que tudo criei com sabedoria.
Se tivessem compreendido isso tudo,
compreenderiam, ao ver os milagres,
que sou Deus antes dos séculos,
muito embora me tenha feito homem.
Hoje, tu me solicitas, numa ordem inversa,
o milagre antes do ensinamento;
se eu te falava em aprazar e esperar
a hora do milagre,
o motivo não era outro.
Mas, como os filhos devem honrar seus pais,
cumprirei o teu pedido,
Mãe, porque posso fazê-lo,
   Eu que tudo criei com sabedoria.*

Rendendo-se a estas palavras,
a Mãe de Cristo dirigiu-se
sem tardanças aos servos:
"Fazei o que meu filho vos disser".

Havia na casa seis talhas,
como atesta a Escritura.
Cristo ordenou aos servos:
"Enchei de água as talhas".
E assim fizeram.
Encheram-nas de água fresca
e debruçaram-se ali para ver o que pensava fazer
Aquele que tudo criou com sabedoria.
Quando, com seu poder,
Cristo transformou a água em vinho,
os convivas alegraram-se ao achar delicioso
o sabor dessa bebida.
Hoje, é o banquete da Igreja
no qual participamos,
por ter sido o vinho transformado
no sangue de Cristo,
e bebemos com santa alegria,
glorificando o esposo.
Porque o verdadeiro esposo é o Filho de Maria,
o Verbo Eterno,
que assumiu a forma de escravo e tudo criou com sabedoria[8].

Prece à Virgem Maria de Caná

Caná é encontro de alegria, onde o vinho
novo do amor renova nossas vidas

Obrigado, Mãe, por teres estado em Caná,
em todos os "Canás" deste mundo,
fazendo com que, por tua intercessão,
Jesus convertesse
a água rotineira de nossa existência
no vinho novo da alegria e do amor.

Obrigado, Virgem Maria,
mulher ligada a todos os dramas dos homens,
que sabes partilhar a alegria do povo.

---

8. *A súplica de uma Mãe*, em *Um canto de louvor* (*A Igreja primitiva canta o Salvador*), Fraternidade Monástica da Paz, Logroño, 1993, 55-62.

Tu, Mãe suplicante,
percebeste que faltava vinho
e buscaste a solução..., com teu Filho,
amando e empenhando-te até o fim.
A nada és alheia,
tudo o que é "nosso", por amor fizeste-o "teu",
e com tua intrepidez
és capaz de arrojar-te sem medo,
com ilimitada confiança no Senhor.
Obrigado, Mãe, porque continuas a dizer-nos
"fazei o que Ele vos disser",
e a água continua a transformar-se em vinho
capaz de fazer de nós "homens novos". Amém.

Tempo da quaresma

No tempo da quaresma, os fiéis ouvem com mais abundância a palavra de Deus, entregam-se à oração, fazem penitência, recordam o próprio batismo e seguem a Cristo no caminho da cruz; assim, preparam-se para celebrar a Páscoa como convém. Neste "caminho quaresmal", a sagrada liturgia propõe aos fiéis a Santíssima Virgem como modelo do discípulo que escuta com fé a palavra de Deus e, seguindo as pegadas de Cristo, vai para o lugar chamado "Caveira", para morrer com ele. Terminada a quaresma, a Santíssima Virgem é apresentada aos fiéis no tríduo pascal como nova Eva, isto é, "mulher nova" que, ao pé da árvore da vida, foi associada a Cristo, o "homem novo", e também como mãe espiritual, a cuja solicitude maternal o Senhor encomendou todos os discípulos.

Nossa Senhora, discípula do Senhor

☙ ☙ ☙

Sr 51,13-18.20-22
Sl 18
Lc 2,41-52 ou Mt 12,46-50

Oração

Senhor, nosso Deus,
que na bem-aventurada Virgem Maria
nos destes o modelo do discípulo fiel
cumpridor da vossa palavra,
abri nossos corações
para escutar a mensagem de salvação
que, por meio do Espírito Santo,
diariamente ressoará em nós
e produzirá frutos abundantes.
Por nosso Senhor Jesus Cristo...

Prefácio

A BEM-AVENTURADA VIRGEM, DISCÍPULA
DO VERBO ENCARNADO, É PROCLAMADA DITOSA

Na verdade é justo e necessário,
é nosso dever e salvação
dar-vos graças
sempre e em todo o lugar,
Senhor, Pai santo,
Deus eterno e todo-poderoso.
Cuja Mãe, a gloriosa Virgem Maria,
com razão é apregoada bem-aventurada
por ter merecido gerar o vosso Filho

em suas puríssimas entranhas. Com maior razão, porém, é proclamada ainda mais ditosa porque, como discípula da Palavra encarnada, procurou solícita a vossa vontade e soube cumpri-la fielmente.

Santo Agostinho

Peço-vos que repareis no que diz o Senhor ao estender a mão para os seus discípulos: *Estes são minha mãe e meus irmãos. Quem fizer a vontade de meu Pai, que Me enviou, esse é meu irmão, minha irmã e minha mãe.*

Porventura não fez a vontade do Pai a Virgem Maria, que acreditou pela fé e concebeu pela fé, que foi escolhida para que dela nascesse a salvação entre os homens e que foi criada por Cristo antes de Cristo ter sido criado nela?

Maria cumpriu, e cumpriu perfeitamente, a vontade do Pai; e, por isso, Maria tem mais mérito por ter sido discípula do que por ter sido mãe de Cristo. Portanto, Maria era bem-aventurada porque, antes de dar à luz o Mestre, trouxe-o no seio.

Vê se não é como digo. Caminhava o Senhor, acompanhado da multidão e fazendo milagres divinos, quando uma mulher exclamou: *Bem-aventurado o ventre que Te trouxe.* E o Senhor, para que não se buscasse a felicidade na natureza material da carne, o que respondeu? *Mais felizes os que ouvem a palavra de Deus e a põem em prática.*

Por isso também Maria era feliz: porque ouviu a palavra de Deus e a pôs em prática; guardou mais a verdade de Cristo em sua mente do que o corpo de Cristo em seu seio. Cristo é a verdade; Cristo teve um corpo: na mente de Maria esteve Cristo, a verdade; em seu seio esteve Cristo feito carne, feito corpo[1].

---

1. Sermão 25, 7-8, em *Liturgia das Horas* IV, ofício de leitura da Apresentação da Santíssima Virgem.

Livro de orações visigótico

Santa Mãe de Deus,
que, ao receberes a mensagem do anjo,
concebeste o Verbo,
deste o consentimento na fé,
geraste o filho na carne,
tremendo na presença divina
e confiando no auxílio da graça;
tu, que és poderosa,
acolhe as súplicas do teu povo;
escuta atentamente nossas orações
a fim de que, acolhendo em teu seio materno
os que, desterrados na viagem da vida,
em ti se refugiam com firme esperança,
os apresentes salvos
ao teu filho, o Senhor Jesus Cristo[2].

Prece a Santa Maria, discípula do Senhor

Santa Maria, discípula do Senhor,
seguidora de Cristo em todos os caminhos,
incansável investigadora
da vontade de Deus.
Ajuda-nos a seguir Jesus
com todas as conseqüências,
a "tudo deixar"
para caminhar na trilha de quem é a vida.

Obrigado, Santa Maria,
pelo testemunho de tua vida consagrada,
por seguires o Senhor desde Nazaré até a cruz.
Ensina-nos, *discípula-amiga*,
a seguir, "obedientes na fé",
mesmo em meio ao cansaço,

---

2. Louvores a Nossa Senhora, Narcea, Madri, 1987, 93-94.

compartilhando com os mais pobres.
Santa Maria, modesta discípula,
converte-nos em "instrumentos de amor e paz",
para levarmos o Evangelho a todos os homens
e sermos construtores da "civilização do amor"
nessa humanidade
carente do amor de Deus. Amém.

Nossa Senhora junto à cruz do Senhor (1)

❦ ❦ ❦

Rm 8,31b-39
Sl 17
Jo 19,25-27

Oração

Senhor, nosso Deus,
que, por misterioso desígnio da vossa providência,
completais o que falta à paixão de Cristo
com os infindos sofrimentos da vida de seus membros;
concedei-nos que
também nós,
à imitação da Virgem Mãe dolorosa
que esteve junto à cruz do Filho moribundo,
assistamos junto aos irmãos que sofrem
para lhes dar consolo e amor.
Por nosso Senhor Jesus Cristo...

Prefácio

JUNTO À CRUZ DO FILHO A MÃE PERMANECE FIEL

Na verdade é justo e necessário,
é nosso dever e salvação
dar-vos graças sempre e em todo o lugar,
Senhor, Pai santo,
Deus eterno e todo-poderoso,
por Cristo Senhor nosso.
Porque em vossa providência determinastes
que a Mãe permanecesse fiel
junto à cruz do vosso Filho,
para dar cumprimento às antigas figuras

e oferecer um novo exemplo de fortaleza.
Ela é a Virgem santa
que resplandece qual nova Eva,
para que, assim como uma mulher contribuiu
para a morte,
assim também contribuísse para a vida.
Ela é a misteriosa Mãe de Sião
que, com amor materno, recebe
os homens dispersos
reunidos pela morte de Cristo.
Ela é o modelo da Igreja Esposa,
que, como Virgem intrépida,
sem temer as ameaças
nem se amedrontar com as perseguições,
guarda íntegra a fidelidade prometida ao esposo.

São João de Ávila

— Por que morreste, Senhor?

— Pelo amor que te consagrei.

— Quem tanto te alquebrou? Quem te afligiu? Quem te fez passar fome e sede? Quem te fez suar? Quem te reduziu a tal estado até morreres numa cruz?

— O amor que tive pelos homens.

— Por que, Senhor, afligiste a tal ponto a Mãe e o Filho? Que culpa têm eles? Ovelhas são inocentíssimas.

— O amor que Jesus Cristo teve pelos homens fez isto.

Mas que tem a ver com isto a Virgem Maria, nossa Senhora? Por que é tão afligida? Por que a tal ponto a atribulou o eterno Pai neste dia? O que é isto, Senhor? Não bastava matar o filho e pô-lo na cruz, sem matar também a Mãe? Por que prender Jesus Cristo nas lágrimas de sua Mãe?

Oh! Bendita seja a vossa misericórdia, Senhor! O que vos fez esta bem-aventurada Virgem? O que vos fez a que vos serviu todos os dias de sua vida? O que vos fez a que, enquanto estava nesta vida, em nenhuma outra coisa despendeu o seu tempo a não ser em agradar-vos? O que vos fez aquela que passava as noites desvelada e os dias procurando contentar-vos?... O que vos fez, Senhor, esta Virgem limpidíssima, na qual jamais houve pecado? Por que tanto a afligistes neste dia?...

Ó Senhor!... Se muito a amaste, muito a afligiste; se mui santa a fizeste, muito a angustiaste; da medida do amor que lhe tiveste, foi o dobro que padeceu...

Ó Bendito sejas, Senhor, que hoje assim desconsolaste essa bendita Virgem! Já não há na terra quem a console; não há quem lhe enxugue as lágrimas; não há quem ponha fim a seus lamentos; não há ninguém que lhe ampare. Quem estancara a tua dor? Para ti já não há consolo.

Ó Virgem bendita! E se alguém te perguntasse: Em quem consistia o teu consolo? Em quem esperavas? O que mais amava? Porventura não era Jesus Cristo? Ele só e nenhum outro era o teu consolo e esposo, teu filho, tua alegria, teu remédio; só Ele era para ti todas as coisas; só com Ele, Senhora, te satisfazias e de nada mais sentias falta; tendo a Ele, nada faltava; faltando Ele, perdeste todo o bem; não o terias trocado pelo céu e a terra.

Ela é quem mais perdeu, a mais entristecida, a mais desconsolada, a mais aflita de quantas houve ou haverá. Quando o viu a ponto de expirar, quando viu aqueles olhos brilhantes se apagarem, quando viu seu peito elevar se, quando o viu ofegar tão rápido na agonia, a Mãe que isto via, o que fez? Não há coração que o saiba estimar nem língua que o saiba explicar. Não lhe sobrou consolo nem arrimo na terra, morto seu santíssimo Filho, já que, para ela, ele era tudo.

A quem te compararei? A Abraão, Deus mandou que subisse ao monte e sacrificasse o filho, mas depois Deus satisfez-se com a sua obediência de coração e propiciou-lhe um carneiro para sacrificar. Subiu ao monte com o filho Isaac, e do monte com ele desceu. Mas o mesmo não sucedeu à Virgem nossa Senhora. Ao monte Calvário subiu com o filho; mas, na volta, não o trouxe consigo, porque lá o deixou.

Desmedida foi a sua aflição, para ela não há consolo na terra. Nenhum remédio que a cure. Não há quem a iguale na dor, assim como não há quem se lhe equipare na santidade.

— O que foi que a Virgem fez, Senhor, para que assim a tenhas amargurado, e que culpa tem ou o que mereceu, para assim a teres afligido? O que fez esta ovelha inocente, Senhor?

— Por onde o mundo se perdeu, por aí há de se recuperar. Homem e mulher hão de recuperá-lo.

Infausta maçã e infaustos deleites, que tão caro custastes ao Filho e, por isso, à Mãe! Adão e Eva perderam o mundo; Cristo e Maria o recuperaram.

O que foi que fez esta ovelha bendita, para que o Senhor a angustiasse? Dizei: se a Virgem Maria não houvesse passado por este transe, que consolo restaria para as virgens em suas provações, e às viúvas? Agora todas têm consolo porque, sucedendo à donzela algum dissabor, terá na Virgem um modelo de paciência e dirá: "Ora, bem mais provada foi minha senhora, a Virgem Maria". Se a casada perde um filho a quem muito quer, olhando para a Virgem consolar-se-á, e ao pensar em suas dores e em quão magoada foi neste dia, se consolará e animará dizendo: "Se eu perdi um filho, melhor do que ele perdeu minha Senhora, a Virgem Maria; maior foi a sua angústia e dor que a minha, quanto maior era o seu Filho que o meu".

Na verdade, por teu amor o eterno Pai atribula hoje a Virgem, para que tires consolo e proveito; por teu amor atormenta hoje Mãe e Filho; não deixes, por seu amor, de inteirar-te e agradecer; não deixes de tirar proveito. Não tenham agora a Mãe e o Filho padecido em vão tão grandes misérias e tormentos; em vão seria se não houvesse quem se aproveitasse do fruto deles[3].

Prece à Virgem Maria junto à cruz do Senhor

Permita-me, Senhor, que aceite a cruz e a beije com meu coração

Lá estavas, ó Mãe,
junto à cruz do teu Filho,
e sempre estás...

---

3. A soledade de Maria: Por que a Virgem nossa Senhora é tão afligida? (Sermão 67), em *Obras completas do santo mestre João de Ávila III*, BAC, Madri, 1970, 117-121.

junto às cruzes dos homens
onde quer que se sofra e chore.
Que seria da nossa existência
se, em nossas cruzes, não nos assistisses?
Quem poderia enxugar nossas lágrimas?
Tu lá estavas,
alentando com tua presença
a quem custava
aceitar o escândalo da cruz.
Sim, estavas presente
alentando a minha pobre vida,
amparando meus pés cansados,
alimentando minha escassa esperança.
Sim, estavas presente, ó Mãe,
junto à cruz do Senhor,
abrindo o teu coração como Mãe-discípula,
para continuamente seguir o Senhor
e dizendo-nos, com tua vida,
que após a cruz vem a ressurreição. Amém.

Nossa Senhora junto à cruz do Senhor (2)

ఞ ఞ ఞ

Jt 13,17-20
Sl 144
Jo 19,25-27

Oração

Ó Deus,
que quisestes que ao pé da cruz de vosso Filho
estivesse também sua Mãe,
partilhando sua paixão,
conservai em vosso povo os frutos da redenção
e fazei-os crescer dia a dia.
Por nosso Senhor Jesus Cristo...

Prefácio

> POR DIVINA BONDADE, A SANTÍSSIMA VIRGEM
> FOI ASSOCIADA À PAIXÃO

Na verdade é justo e necessário,
é nosso dever e salvação
dar-vos graças
sempre e em todo o lugar,
Senhor, Pai santo,
Deus eterno e todo-poderoso,
por Cristo, nosso Senhor.
Porque, para restaurar o gênero humano
quisestes, com infinita sabedoria,
que a nova Eva estivesse
junto à cruz do novo Adão,
a fim de que ela,
que por obra do Espírito Santo foi sua Mãe,

partilhasse de sua paixão
por um novo dom de vossa bondade;
e padecesse, ao fazer-nos
renascer para vós as imensas dores
que não sofreu ao dá-lo à luz.

Ofício bizantino

Vendo-te sobre a cruz, ó Verbo,
dilacerado,
vejo que também tua mãe foi ferida na alma
pelos cravos e pelos dardos de amarga dor.

Vendo-te sorver bebida amarga,
tu, que és a doçura do universo,
vejo que também tua mãe banhou as faces com lágrimas amargas.

Lamentando-se, a Virgem dizia:
Com razão estou ferida,
tenho as entranhas diláceradas, ó Verbo,
vendo a tua injusta morte.

Sol de justiça desaparecido debaixo da terra,
a lua que te gerou
eclipsa-se de dor, ó Salvador,
privada da tua vista.

A Virgem gritava, chorando:
Vê o discípulo amado,
vê tua mãe, meu filho,
e diz-nos uma palavra de consolo.

Ai de mim, filho, geme a que não conhece varão,
dizendo: Aquele que eu contava fosse rei,
vejo-o agora à cruz condenado.

Já mo anunciara Gabriel;
disse que o reino de meu filho
Jesus seria eterno.

Ai de mim, cumpriu-se a profecia de Simeão;
tua espada trespassou-me o coração,
ó Emanuel!

Lágrimas amargas chorava, ó Verbo,
tua mãe puríssima, vendo
jazer na tumba o Deus inefável, eterno.

Todas as gerações, ó Cristo meu,
dedicam um cântico à tua sepultura!

Vendo-te lançado à morte, ó Verbo,
a puríssima erguia seu lamento de mãe.
Ó minha doce primavera, meu filho dulcíssimo,
onde se oculta a tua beleza?

Tua mãe puríssima, ó Verbo,
entoa-te lamentos porque estás morto.

A Virgem gritou, vertendo lágrimas ardentes,
com as entranhas dilaceradas.

Ó luz de meus olhos, ó dulcíssimo filho meu,
como podes esconder-te agora numa sepultura?

Para libertar Adão e Eva, ó mãe,
sofro esta paixão. Não chores!

Exalto, filho meu,
a imensidão de tua misericórdia:
ela te faz sofrer esses tormentos.

Contemplando a tua cruz, ó Cristo,
a Mãe Imaculada dizia,
gemendo amargamente:
Não te demores entre os mortos, ó Vida!

Outrora, toda a família chorou o filho de Raquel;
agora, o coro dos apóstolos, junto com a mãe,
lamenta pelo filho da Virgem.

Permitiste que te matassem a sede com vinagre e fel,
ó misericordioso, para aniquilar os antigos prazeres.

Deixaste que te pregassem no patíbulo da cruz,
tu, que outrora protegeste o teu povo
com uma coluna de nuvens.

Ressuscita, tu, que dás a vida,
diz chorando a mãe que o gerou.

Apressa-te a ressuscitar, ó Verbo,
dissipa a dor de tua mãe intocada.
Tua Mãe puríssima chora e se lamenta,
porque estás morto, ó meu Salvador.
Virgem santa, faz com que teus servos sejam dignos
de ver a ressurreição de teu filho[4]!

Prece a Maria (em pé e silenciosamente)

*Ó Virgem dolorosa, em tuas mãos vi nascer flores
de esperança*
Teus grandes olhos, ó Virgem dolorosa,
abriram-se ao pé da cruz.
Desde Belém, passando por Nazaré,
havias percorrido quilômetros de amor e ternura.
Tudo o que Ele sofria,
tu o levavas em tua alma.
Com sua dor, ó Mãe, agonizaste.
Choravas com suas lágrimas.
Vivias de sua vida.

Naquela tarde, no Calvário,
dilacerado por todos os dramas,
teu coração tinha gosto de terra,
a terra nossa dos pobres.
Ali estavas em pé, em pé e silenciosa.
Amando e acolhendo
todas as dores do mundo.
Ali, ó Virgem dolorosa,
transmitias luz aos homens cansados e abatidos.
E enchias de esperança
nossa pobre terra vazia e desnutrida. Amém.

---

4. *O lamento de Maria*, em *Louvores a Nossa Senhora*, 88-92.

Nossa Senhora constituída Mãe dos discípulos

2Mc 7,1.20-29
Sl 17
Jo 19,25-27

Oração

Senhor, Pai Santo,
que estabelecestes no mistério pascal
a salvação dos homens,
concedei-nos ser contados
entre os filhos adotivos
que teu Filho, Jesus Cristo, ao morrer na cruz,
confiou à sua Mãe, a Virgem Maria.
Por nosso Senhor Jesus Cristo...

Prefácio

A MÚTUA ENTREGA DA BEM-AVENTURADA VIRGEM
E DO DISCÍPULO

Na verdade é justo e necessário,
é nosso dever e salvação
dar-vos graças
sempre e em todo o lugar,
Senhor, Pai santo,
Deus eterno e todo-poderoso.
Porque, junto à cruz de Jesus,
por vontade sua se firma
um forte vínculo de amor
entre a Virgem e os fiéis discípulos:
Maria é confiada aos discípulos como mãe,
e estes a acolhem

como preciosa herança do Mestre.
Ela será para sempre mãe dos crentes,
que nela encontrarão refúgio seguro.
Nos filhos, ela ama o Filho, e estes,
ouvindo os conselhos da Mãe,
cumprem as palavras do Mestre.

João Paulo II

Ao ver sua Mãe e, junto dela, o discípulo que Ele amava, Jesus disse à sua Mãe: "Mulher, eis aí o teu filho". É um ato de ternura e de piedade filial. Jesus não quer que sua Mãe fique sozinha. Em seu lugar deixa-lhe como filho o discípulo que Maria conhece como predileto.

Jesus confia assim a Maria uma nova maternidade, e pede-lhe que trate João como seu filho... Jesus pede a Maria que aceite definitivamente a oferta que Ele faz de si mesmo como vítima de expiação, passando a considerar João como seu filho. É ao preço de seu sacrifício que ela recebe aquela nova maternidade.

Mas aquele gesto filial, cheio de valor messiânico, vai muito além da pessoa do discípulo predileto, designado como filho de Maria. Jesus quer dar a Maria uma maternidade muito mais numerosa, quer instituir para Maria uma maternidade que abraça todos os seus seguidores e discípulos de então e de todos os tempos.

O gesto de Jesus tem, portanto, um valor simbólico. Não é só um gesto de ordem familiar, como de um filho que se preocupa com a sorte de sua mãe, mas é o gesto do Redentor do mundo que confia a Maria, como "mulher", um papel de nova maternidade em relação a todos os homens, chamados a reunirem-se na Igreja. Naquele momento, por conseguinte, Maria é constituída, e quase se diria "consagrada", do alto da cruz como Mãe da Igreja.

Nesta doação feita a João e, nele, aos seguidores de Cristo e a todos os homens, há um complemento da doação que Jesus faz de si mesmo à humanidade, com a sua morte na cruz... Jesus, em sua paixão, viu-se despojado de tudo. No Calvário resta-lhe a Mãe e, com um gesto de supremo desprendimento, doa também a Mãe ao mundo, antes de levar a termo a sua missão, com o sacrifício da vida. Jesus é consciente de que chegou o momento da consumação... Quer que, entre as coisas "consumadas", esteja também esta doação da Mãe à Igreja e ao mundo.

Jesus, que havia experimentado e apreciado o amor materno de Maria na própria vida, quis que também os seus discípulos pudessem, por sua vez, se beneficiar deste amor materno, como componente da relação com Ele em todo o desenvolvimento de sua vida espiritual. Trata-se de sentir Maria como Mãe e de tratá-la como tal, permitindo-lhe que nos forme na verdadeira docilidade para com Deus, na verdadeira união com Cristo, na verdadeira caridade para com o próximo.

Pode-se dizer que também este aspecto da relação com Maria está compreendido na mensagem da cruz. Com efeito, o evangelista narra que Jesus "depois disse ao discípulo: 'Eis a tua mãe'". Dirigindo-se ao discípulo, Jesus pede-lhe expressamente que se comporte com Maria como filho para com sua mãe. Ao amor materno de Maria deverá corresponder um amor filial. Dado que o discípulo substitui Jesus junto de Maria, é convidado a amá-la verdadeiramente como sua própria mãe. É como se Jesus lhe dissesse: "Ama-a como eu a amei". E dado que, no discípulo, Jesus vê todos os homens, aos quais deixa aquele testemunho de amor, é válido para todos o pedido de amar Maria como mãe.

O evangelista conclui dizendo que, "desde aquela hora, o discípulo recebeu-a em sua casa". Isto significa que o discípulo respondeu imediatamente à vontade de Jesus: desde aquele momento, recebendo Maria em sua casa, mostrou-lhe o seu afeto filial, rodeou-a de todos os cuidados, fez com que ela pudesse gozar de recolhimento e de paz, na expectativa de se unir a seu Filho, e desempenhar o seu papel na Igreja nascente, quer no pentecostes, quer nos anos sucessivos.

Aquele gesto de João era a execução do testemunho de Jesus em relação a Maria, mas tinha um valor simbólico para todos os discípulos de Cristo, convidados já a receber Maria em sua casa, a dar-lhe um lugar na própria vida. Porque, em virtude das palavras de Jesus moribundo, cada vida cristã deve oferecer um "espaço" a Maria, não pode deixar de incluir a presença dela[5].

---

5. Audiência geral in *Osservatore Romano*, 23 de novembro de 1988, p. 656.

Prece à Virgem Maria confiada aos discípulos como sua Mãe

*Mãe, clamo a ti em todas as minhas noites,
e tu não me deixas nem um instante*
Obrigado, ó Mãe, porque me aceitas como filho,
porque me ensinas a ser discípulo,
pois a tua vida é tecida
de um seguimento radical.

Ó Mãe, eu quero acolher-te em minha casa,
quando a minha vida de discípulo
mais o necessitar, e dou graças ao meu Deus,
por me ter confiado a tua pessoa.
Tu incluis em minha vida de seguimento
a ternura de teu coração de mulher,
tuas carícias de mãe de misericórdia,
teu olhar de amiga de verdade.

Eu quero acolher-te como minha Mãe,
Mãe de todos os homens,
mãe presente em todos os dramas de teus filhos,
chegada à realidade dos que nada têm.

Obrigado, boa mãe,
porque entras em minha casa
e me ajudas a pôr os olhos em Cristo. Amém.

Nossa Senhora, Mãe da reconciliação

≼ ≼ ≼

2Cor 5,17-21
Sl 102
Jo 19,25-27

Oração

Ó Deus,
que pelo sangue precioso de vosso Filho
reconciliastes o mundo convosco
e vos dignastes constituir sua Mãe,
a Virgem Maria,
junto à cruz, reconciliadora dos pecadores,
concedei-nos, por sua intercessão,
alcançar o perdão dos nossos pecados.
Por nosso Senhor Jesus Cristo...

Prefácio

A BEM-AVENTURADA VIRGEM, REFÚGIO DOS PECADORES
E MÃE DA RECONCILIAÇÃO

Na verdade é justo e necessário,
Deus todo-poderoso e eterno,
dar-vos graças
e proclamar vossas maravilhas
em tudo e por todas as coisas.
Por vossa imensa bondade,
não abandonais os que vivem extraviados,
mas os chamais
para que possam voltar ao vosso amor:
tu deste à Virgem Maria,
que não conheceu o pecado,

um coração misericordioso para com os pecadores.
Estes, caindo na conta de seu amor de mãe,
nela se refugiam, implorando o vosso perdão;
ao contemplar a beleza de sua alma,
esforçam-se por se livrar dos males do pecado,
e, ao meditar suas palavras e exemplos,
sentem-se chamados
a cumprir os preceitos de vosso Filho.

Ofício da Igreja grega

Sem cessar recorremos à Mãe de Deus,
nós, os oprimidos pelo pecado e pelo infortúnio
e, contritos, nos prostramos clamando
do fundo de nossa alma: Rainha nossa, ajuda-nos,
estamos acabrunhados, a ponto de sucumbir
sob o peso dos pecados.
Não decepciones os teus servos,
pois és a nossa única esperança.
Mãe de Deus, embora indignos,
nunca deixaremos de proclamar o teu poder.
Se não acudisses em pessoa para interceder por nós,
quem nos livraria de tantas calamidades?
Quem nos teria preservado imunes
até o presente?
Rainha nossa, nunca nos afastaremos de ti,
pois sempre salvas os teus servos
de todas as desventuras[6].

Santo Anselmo

Ó santa e, depois de Deus, singularmente santa entre os santos, ó Maria, Mãe de admirável virgindade, de encantadora fecundidade, que deste à luz o Filho do Altíssimo, que trouxeste ao mundo o Salvador do gênero humano até então entregue à morte!

---

6. *Súplica a Nossa Senhora*, em *Louvores a Nossa Senhora*.

Ó soberana de santidade e eminente dignidade, e que foste dotada de não menores poder e bondade!

Ó geradora da vida, mãe da salvação, templo de meiguice e misericórdia! À tua presença deseja apresentar-se a minha alma desprezível, debilitada com as enfermidades de seus vícios, dilacerada pelas chagas de seus crimes; parece moribunda e quisera poder suplicar-te que te dignasses por bem curá-la pelo poder de teus méritos e piedosas orações.

Ó Maria, ternamente poderosa, poderosamente terna, da qual brotou a fonte das misericórdias! Não detenhas, suplico-te, esta misericórdia tão real, onde reconheces tão real miséria.

Pois se eu, de minha parte, me sinto confuso pela torpeza de minhas iniquidades diante de tua deslumbrante santidade, pelo menos tu, ó Senhora minha, não tens de envergonhar-te de teus tão naturais sentimentos misericordiosos, em prol de um desgraçado.

Se confesso a minha iniquidade, recusar-me-ias a tua benevolência? Se minha miséria é maior do que devia ser, seria a tua misericórdia menor do que convém?

Ó Senhora minha, quanto mais indignas são minhas faltas em presença de Deus e tua, tanto maior necessidade têm de ser curadas, graças à tua intervenção.

Cura pois, ó Mãe clementíssima, a minha debilidade; apaga esta fealdade que te ofende; livra-me, ó Mãe benigníssima, desta enfermidade, e não te molestará esta infecção que tanto te repugna; faze, ó Mãe dulcíssima, que se dissipem os meus remorsos, e não haverá nada que possa desagradar a tua pureza.

Atende à minha súplica, ó Senhora minha, escuta-me.

Cura a alma do pecador, teu servo, pelo poder do fruto bendito do teu ventre, daquele que está sentado à direita do seu Pai todo-poderoso, digno de louvor e glória acima de tudo e por todos os séculos[7].

---

7. *Oração a Santa Maria quando a alma está oprimida pelo torpor do pecado*, em *Obras completas de Santo Anselmo*, BAC, Madri, 1953, 305-307.

Grande cânon penitencial de Santo André de Creta

Mãe de Deus,
esperança e proteção dos que te glorificam,
alivia-me da pesada carga do meu pecado.
E guia-me, Virgem soberana,
para que eu seja transformado pelo arrependimento.

Mãe Santíssima de Deus, salva-nos.
Venerai a Virgem Mãe de Deus, a Imaculada;
que ela interceda sem cessar para nos salvar.

Soberana toda pura, Mãe de Deus,
esperança dos que a ti recorrem,
porto seguro dos atormentados pela tempestade;
com tuas orações, atrai sobre mim
o perdão do compassivo, teu criador e teu Filho.

Mãe Santíssima de Deus, salva-nos.
Salva-me pela humildade,
que estou cheio de orgulho.
Virgem pura, que geraste
quem transforma a nossa natureza.

Mãe de Deus,
em teu seio geraste o Deus
que, embora sendo Criador do universo,
por nós assume a condição humana.
Roga-lhe
que por tua intercessão sejamos justificados[8].

Prece à Mãe da reconciliação

Reconciliar-se é não só estreitar as mãos...,
mas o coração

Santa Maria da reconciliação,
reconcilia todos os homens

---

8. SANTO ANDRÉ DE CRETA, *Grande cânon penitencial*, Fraternidade Monástica da Paz, Logroño, 1991, 22.29.33.47.71.

que se enfrentam em guerras e contendas.
Muitos morrem ou vivem cansados
de tanto sangue derramado.
Ajuda-nos, Senhora, a pôr fim a tanta violência,
a viver reconciliados
com nós mesmos, e com todos, e..., com Deus.

Santa Maria, mulher reconciliadora,
vê a nossa humanidade
carente de harmonia e paz
e faze com que todos os homens
busquem a justiça e o amor.

Senhora da reconciliação,
empresta-nos as tuas mãos limpas,
para lutar contra tudo
o que afronta a dignidade humana.

Faze-nos, ó Mãe da reconciliação,
semeadores de flores nos montes deste mundo.
Amém.

Tempo pascal

*N**o* "grande domingo", isto é, durante os cinqüenta dias em que a Igreja celebra com grande júbilo o mistério pascal, a liturgia romana também recorda a Mãe de Cristo, cheia de gozo pela ressurreição de Cristo, dedicada à oração com os apóstolos e esperando confiante com eles o dom do Espírito Santo. Mas a Igreja, ao exercer sua função maternal celebrando os sacramentos da iniciação cristã — que são os sacramentos pascais —, reconhece na Santíssima Virgem o modelo de sua maternidade e também percebe que a Mãe de Cristo é seu modelo e auxílio no intuito de proclamar o evangelho que Cristo lhe confiou depois de ressuscitado dos mortos.

Nossa Senhora na ressurreição do Senhor

Ap 21,1-5a
Sl Is 61,10-11; 62,2-3
Mt 28,1-10

Oração

Ó Deus, que vos dignastes encher
o mundo de alegria
pela ressurreição de nosso Senhor Jesus Cristo,
concedei-nos, por intercessão de sua Mãe,
alcançar as alegrias eternas.
Por nosso Senhor Jesus Cristo...

Prefácio

A VIRGEM BEM-AVENTURADA ESPEROU ACREDITANDO
NA RESSURREIÇÃO DO FILHO

Na verdade é justo e necessário,
é nosso dever e salvação
dar-vos graças
sempre e em todo o lugar,
Senhor, Pai santo,
Deus eterno e todo-poderoso.
Porque na ressurreição de Jesus Cristo, vosso Filho,
cumulastes de alegria a Santíssima Virgem
e maravilhosamente premiastes a sua fé:
ela concebera o Filho crendo,
e crendo esperou sua ressurreição;
firme, anteviu
o dia da luz e da vida
em que, dissipadas as trevas da morte,

o mundo inteiro exultaria de alegria
e a Igreja nascente,
ao rever o seu Senhor imortal,
se alegraria, entusiasmada.

João Paulo II

Rainha dos céus, alegrai-vos!

Sim, precisamente hoje, naquele primeiro dia depois do sábado, as mulheres dirigiram-se ao sepulcro onde tinha sido deposto o corpo do vosso Filho descido da cruz e encontraram a pedra retirada e o túmulo vazio. Da cavidade do túmulo ouviram uma voz: "Não vos assusteis! Procurais a Jesus o Nazareno, o crucificado? Ressuscitou, não está aqui".

Alegrai-vos, Rainha dos céus! Alegrai-vos, Mãe de Cristo! "Ide dizer-vos aos meus discípulos e a Pedro!"

Maria de Magdala, então, correu para ir anunciar aos Apóstolos: "Levaram o Senhor do sepulcro e não sabemos onde o puseram!" Pedro e João dirigiram-se imediatamente para o local e encontraram tudo como as mulheres tinham dito.

— Não está aqui, não está aqui no local onde o tínhamos deposto, no sepulcro. Não está aqui. Ressuscitou.

Alegrai-vos, Rainha dos céus!

Sim, aquilo que os lábios das primeiras testemunhas proclamam, tinha-o pré-anunciado Ele próprio. "Destruí este templo e em três dias o farei ressurgir... Ele, porém, falava do templo do seu corpo." O seu corpo flagelado, torturado, crucificado, com a cabeça ferida pelos espinhos e o lado traspassado pela lança não está aqui...

Alegrai-vos, ó Maria! Alegrai-vos, ó Mãe!

Vós trouxestes o seu corpo em vosso seio virginal, trouxestes dentro de vós o Homem Deus.

E depois o destes à luz na noite de Belém, o trouxestes ao colo, em vossos braços, como criancinha.

Levaste-o ao templo no dia de sua apresentação.

Os vossos olhos — mais do que os olhos de qualquer outro — viram o Verbo encarnado.

Os vossos ouvidos ouviram-no, desde as primeiras palavras. As vossas mãos tocaram o Verbo da vida. "Aquele que trouxestes no seio ressuscitou."

Vós o trouxestes, mais do que nos braços, em vosso coração. De modo particular, isto aconteceu naquelas últimas horas, quando tivestes de estar aos pés da cruz, aos pés do divino condenado.

O vosso coração foi trespassado pela espada da dor, segundo as palavras do velho Simeão.

E vós compartilhastes o sofrimento, associando-vos com coração de mãe ao sacrifício do Filho.

Ó Mãe! Vós consentistes na imolação da vítima por vós gerada.

E consentistes amorosamente — com aquele amor que ele enxertou em vosso coração.

Sim, com aquele amor que é mais forte do que a morte, e mais forte do que o pecado, em toda a história do homem sobre a terra.

E depois, quando já tinha expirado e o haviam descido da cruz, Ele repousou mais uma vez entre vossos braços, como tantas outras vezes tinha repousado quando era criança...

E depois colocaram-no no sepulcro. Tiraram-no dos braços da mãe e restituíram-no à terra; e fecharam o sepulcro com uma pedra grande...

E eis que agora a pedra foi removida, o túmulo está vazio... Cristo, que vós trouxestes no seio, ressuscitou. Aleluia! "E este é o dia" do júbilo pascal da Igreja, todos nós participamos na vossa glória, ó Mãe...

Todos, a Igreja inteira do Verbo Encarnado.

Cristo, que vós trouxestes no seio, ressuscitou!

Rogai por nós! Vós que, da maneira mais profunda, estais presente no mistério de Cristo.

Eis que toda a Igreja, hoje, tem os olhos em vós, ó Maria.

Muito embora não vos vejamos mencionada entre as pessoas de que falam os relatos da Páscoa, todos olhamos para vós.

Olhamos no sentido do vosso coração. Poderia, acaso, uma narração qualquer registrar o momento da Ressurreição do Filho no coração da Mãe?

E contudo nós fixamos o nosso olhar em vós.

Todo a Igreja participa da vossa alegria pascal, pois toda a Igreja sabe que neste dia que o Senhor fez, vós "ides adiante", de maneira singular, naquele caminho pelo qual acontece a peregrinação mediante a fé no mistério pascal.

Que ninguém se afaste nunca desta vida nova, que é ele próprio, o Ressuscitado!

Rogai por nós!

Diante de nossa alegria pascal, com insistência repetimos: rogai por nós[1].

Prece à Virgem Maria na ressurreição do Senhor

A luz sempre vencerá nossas sombras

Alegra-te, Rainha do céu,
dança e ergue as mãos,
porque Jesus ressuscitou,
a morte foi vencida.
Canta um cântico novo,
enverga um traje de gala,
estreia o teu mais mavioso sorriso,
porque Deus é vencedor.

Alegra-te, ó Virgem Maria,
sai a correr pelas ruas,
narra-o a toda a criação,
toquem todas as orquestras do mundo.
O Senhor vive, ressuscitado,
a morte jaz, ferida.

---

1. Mensagem pascal in *Osservatore Romano*, 3 de abril de 1988, p. 169.

Alegra-te e rejubila, Maria,
a primavera chegou definitivamente,
passaram os frios do inverno
e a vida está de volta,
uma vida que nunca mais terá fim.
Alegra-te com a Mãe Igreja,
pois a vida venceu a morte. Amém.

Nossa Senhora, fonte de luz e vida

🙰 🙰 🙰

Hb 2,14a.36-40a.41-42
Sl 33
Jo 12,44-50 ou Jo 3,1-6

Oração

Concedei, Senhor, à Igreja Mãe,
que deu à luz os homens, terrenos
por natureza,
mas celestiais pela vida oriunda
da fonte virginal do batismo,
poder encaminhar-nos, pelo evangelho da vida
e os sacramentos da graça
à plena identificação com seu autor, Jesus Cristo,
que nasceu da Virgem fecunda
e é o primogênito entre muitos irmãos
e o Salvador universal,
que convosco vive e reina...

Prefácio

O PAPEL DA VIRGEM MARIA NOS SACRAMENTOS
DA INICIAÇÃO CRISTÃ

Na verdade é justo e necessário,
é nosso dever e salvação
dar-vos graças sempre e em todo o lugar,
Senhor, Pai santo,
Deus eterno e todo-poderoso.
Porque, por um dom do vosso amor,
estabelecestes que, nos sacramentos da Igreja,
se realizasse misticamente

o que se cumprira na Virgem Maria:
a Igreja dá à luz, na fonte do batismo,
a novos filhos virginalmente concebidos
pela fé e espírito;
depois de nascidos,
unge-os com o óleo precioso do crisma,
para que o Espírito Santo
que cumulou de graça a Virgem,
desça sobre eles com seus dons;
e outrossim prepara a mesa todos os dias para seus filhos,
a fim de alimentá-los com o pão vindo do céu,
que a Virgem deu à luz
para a vida do mundo,
Jesus Cristo, Senhor nosso.

São Gregório de Nissa

Vinde, povos, juntos cantemos
àquele que nasceu da Virgem...
Animemo-nos e, guiados pela voz do anjo,
aclamemos assim à Virgem santa:

Salve, cheia de graça,
o Senhor está contigo!
A ti cabe alegrar-te,
porque o Senhor de todos
fez em ti a sua morada
do modo misterioso só dele conhecido.

Salve, cheia de graça,
o Senhor está contigo!
Não um esposo deste mundo,
mas está contigo o próprio Senhor,
pai da castidade,
guarda da virgindade,
aquele que santifica e torna incompatível,
que dá a liberdade e a salvação
e é promotor da paz;

o Senhor mesmo está contigo,
porque sobre ti passou a graça divina.
Salve, cheia de graça,
o Senhor está contigo!
Adão já não tem que temer quem o enganou,
pois o que de ti
nasceu destruiu o poder do inimigo...
O gênero humano já não tem que temer
o ardil e a astúcia da serpente,
pois o Senhor esmagou a cabeça do dragão
nas águas do batismo.
Não me atemorizo ao ouvir: tu és terra
e à terra hás de voltar;
pois o Senhor, no santo batismo,
cancelou em mim toda a mancha de pecado.
Já não choro, não me aflijo mais, não digo mais:
na minha dor, eu me revolvo em agudos espinhos,
porque o Senhor apanhou
os espinhos dos nossos pecados
e com eles coroou a própria cabeça.
O meu pecado esvaiu-se,
anulou-se a antiga maldição;
da Virgem santa floresceu
a árvore da vida e da graça...
A Virgem santa converte-se para nós
em fonte de vida;
fonte de luz para todos os que crêem em Cristo,
por ser o foco em que desponta
a luz espiritual.
Salve, cheia de graça,
o Senhor está contigo e por ti!
Ele que é perfeito em santidade,
em quem habita a plenitude da divindade.
Salve, cheia de graça,
o Senhor está contigo!
Aquele que tudo santifica
está com a serva do Senhor, com a Imaculada;

com a toda bela está o mais belo
dos filhos do homem;
para salvar o homem criado à sua imagem[2].

Prece a Santa Maria, fonte de luz e vida

Quando tudo se acaba, Ela se aproxima
e acende milhares de estrelas

Obrigado, Mãe, por nos teres dado Cristo,
que, pelo batismo, nos faz filhos de Deus,
e, na confirmação, testemunhas do Ressuscitado
e com sua carne nos alimenta na Eucaristia.
Toda a tua existência, ó Mãe,
empenhaste em dar-nos Jesus.
Não sabias fazer outra coisa.
Tu no-lo oferecias
desde o romper da manhã até a noite.

Obrigado, ó Mãe,
por seres a fonte de luz e vida
e nos conduzires à luz que é Cristo,
à vida de Deus.
Em ti, Maria,
nós, os homens, haurimos
forças no desgaste da nossa caminhada.
Contigo, a aventura de seguir a Cristo
é a mais bela história de amor
jamais imaginada. Amém.

---

2. *Homilia sobre a anunciação*, em *Louvores a nossa Senhora*, Narcea, Madri, 1987, 30-31.

Nossa Senhora do Cenáculo

❧ ❧ ❧

Hb 1,6-14
Sl 86
Lc 8,19-21

Oração

Senhor, nosso Deus,
que com os dons do Espírito Santo cumulastes
a Virgem Maria em oração com os apóstolos,
concedei-nos, por sua intercessão,
cheios do mesmo Espírito,
perseverarmos na oração em comum
e levarmos a nossos irmãos
a boa nova da salvação.
Por nosso Senhor Jesus Cristo...

Prefácio

A BEM-AVENTURADA VIRGEM MARIA, ORANDO COM
OS APÓSTOLOS, ESPERA A VINDA DO PARÁCLITO

Na verdade é justo e necessário,
é nosso dever e salvação
dar-vos graças
sempre e em todo o lugar,
Senhor, Pai santo,
Deus eterno e todo-poderoso.
Porque nos destes na Igreja primitiva
um exemplo de oração e união admiráveis:
a Mãe de Jesus, orando com os apóstolos.
Ela, que em oração esperou a vinda de Cristo,
invoca com ardentes súplicas
o Paráclito prometido;

e que, na encarnação da Palavra,
foi coberta com a sombra do Espírito,
no nascimento do teu povo novo
é novamente cumulada de graça pelo Dom divino.

Por isso a santíssima Virgem Maria,
vigilante na oração e fervorosa na caridade,
é figura da Igreja
que, enriquecida com os dons do Espírito,
mantém-se na expectativa da segunda vinda de Cristo.

João Paulo II

Nos dias de Pentecostes, "os discípulos subiram ao andar de cima; todos perseveravam unânimes na oração com Maria, Mãe de Jesus".

Maria nos ensina a rezar. Como Maria, deixemo-nos invadir pelo fogo do Espírito Santo.

Muitos de nós descobriram a alegria da oração: pensar em Deus, amando-o e simultaneamente louvando-o, escutando a sua Palavra.

O objetivo primordial da oração não é a nossa satisfação. É o despojamento de nós mesmos para nos colocarmos à disposição do Senhor e permitir-lhe que ore em nós. É a respiração da Igreja que a põe em sintonia com Deus.

Constitui um serviço essencial na Igreja o serviço do louvor, e o serviço que permite aos homens abrirem-se ao Redentor.

É a fonte e o termo de nosso compromisso. Oxalá nunca separemos a ação da contemplação.

E que nossas preces dirijam-se para a eucaristia, onde o mesmo Cristo toma a nossa vida para oferecê-la com a sua e fazê-la frutificar[3].

Santo Ildefonso

Senhora minha, dona e poderosa sobre mim, Mãe do meu Senhor, serva do teu Filho, geradora daquele que criou o mundo, eu te

---

3. Oração à Virgem de Lourdes (15 de agosto de 1983).

rogo, suplico e imploro a graça de possuir o Espírito do teu Senhor, de possuir o Espírito do teu Filho, de possuir o Espírito do meu Redentor, para conhecer o que é verdadeiro e digno de ti, falar o que é verdadeiro e digno de ti e amar tudo o que seja verdadeiro e digno de ti.

Tu és a eleita por Deus, por Deus recebida no céu, chamada por Deus, chegada a Deus e a Deus intimamente unida.

Visitada pelo anjo, saudada pelo anjo, bendita e glorificada pelo anjo, mentalmente atônita, estupefata pela saudação e surpresa pelo enunciado das promessas.

Suplico-te, ó Virgem santa, que eu receba Jesus daquele Espírito de quem geraste Jesus; que minha alma receba Jesus com aquele Espírito pelo qual tua carne recebeu o mesmo Jesus.

Seja-me possível conhecer Jesus por aquele Espírito pelo qual te foi possível conhecer, conceber Jesus e dá-lo à luz. Que eu exprima a Jesus pensamentos humildes e elevados, naquele Espírito no qual confessas ser a escrava do Senhor, desejando que em ti se faça segundo a palavra do anjo.

Que eu ame Jesus naquele Espírito no qual o adoras como Senhor e contemplas como Filho. Que eu tema este mesmo Jesus tão verdadeiramente como Ele mesmo, sendo Deus, foi verdadeiramente submisso a seus pais[4].

Prece a Nossa Senhora do Cenáculo

Orar é fazer a cada dia a experiência da alegria da vida em Cristo

Santa Maria do Cenáculo,
ajuda-nos a perseverar na oração,
quando nos acomete a aridez
e nos custa perseverar rezando.
Ensina-nos
que o Espírito Santo

---

4. *A virgindade perpétua de Maria* I e XII, em *Santos Padres espanhóis, I: Santo Ildefonso de Toledo*, BAC, Madri, 1971, 49 e 148-149.

é pontual ao encontro
e nunca falha.

Virgem Maria do Cenáculo,
transbordante de graça,
dá-nos a coragem
de sermos testemunhas de Jesus entre os homens.

Mãe do Cenáculo,
ensina-nos a rezar quando sobrevém a noite,
quando em nossa existência escurece,
para levarmos a toda a terra
a alegria do evangelho.

Santa Maria do Cenáculo,
Esposa do Espírito Santo,
roga por nós, pecadores. Amém.

Nossa Senhora, Rainha dos Apóstolos

❧ ❧ ❧

Hb 1,12-14; 2,1-4
Sl 86
Jo 19,25-27

Oração

Ó Deus todo-poderoso,
que comunicaste o Espírito Santo
aos apóstolos
reunidos em oração com Maria,
concedei-nos por sua intercessão
consagrar-nos fielmente ao vosso serviço
e proclamar a glória do vosso nome
pelo testemunho das palavras e da vida.
Por Jesus Cristo, nosso Senhor...

Prefácio

A VIRGEM BEM-AVENTURADA É CHAMADA RAINHA
DOS APÓSTOLOS

Na verdade é justo e necessário,
é nosso dever e salvação
dar-vos graças sempre e em todo o lugar,
Senhor, Pai santo,
Deus eterno e todo-poderoso,
nesta comemoração da bem-aventurada Virgem Maria,
que precedeu os apóstolos no anúncio de Cristo.
Pois, conduzida pelo Espírito Santo,
pressurosa, levou Cristo ao seu precursor,
para o santificar
e alegrar;

igualmente Pedro e os demais apóstolos,
movidos pelo mesmo Espírito,
anunciaram destemidamente o evangelho
a todos os povos
para sua salvação e vida.
Hoje também a santíssima Virgem
precede com seu exemplo os arautos
do evangelho.
Estimula-os com seu amor
e ampara-os com sua contínua intercessão,
para que anunciem Cristo Salvador
ao mundo inteiro.

O grande cânon penitencial de Santo André de Creta

Com os apóstolos, ó Mãe de Deus,
implora o Filho e Verbo de Deus,
que geraste inefavelmente
e que o universo não pode conter,
conceda ao mundo a verdadeira paz,
e, antes que chegue o fim,
perdoe nossos pecados,
que, por seu grande amor,
acolha teus servos em seu Reino[5].

João Paulo II

Ó Maria,
mãe de Jesus Cristo e mãe dos sacerdotes,
aceita este título com que hoje te homenageamos
para exaltar a tua maternidade
e contemplar contigo
o sacerdócio de teu Filho unigênito e dos teus filhos,
ó santa Mãe de Deus.

---

5. SANTO ANDRÉ DE CRETA, *O grande cânon penitencial*, Fraternidade Monástica de la Paz, Logroño, 1991, 43.

Mãe de Cristo,
que deste ao Messias sacerdote um corpo de carne
pela unção do Espírito Santo,
para salvar os pobres e contritos de coração,
protege em teu seio e na Igreja
os sacerdotes,
ó Mãe do Salvador.

Mãe da fé,
que ao templo conduziste o Filho do homem,
em cumprimento às promessas
feitas a nossos pais,
apresenta a Deus Pai, para sua glória,
os sacerdotes do teu Filho,
ó Arca da Aliança.

Mãe da Igreja,
que no Cenáculo, com os discípulos,
imploraste o Espírito
em prol do novo povo e de seus pastores,
alcança para a ordem dos presbíteros
os seus dons em plenitude,
ó Rainha dos Apóstolos.

Mãe de Jesus Cristo,
que o acompanhaste no início da vida
e de sua missão,
o procuraste como mestre em meio à multidão
e o assististe ao pé da cruz,
exausto em seu sacrifício único e eterno,
e tiveste João a teu lado como filho,
acolhe desde o princípio
os chamados ao sacerdócio,
protege-os em sua formação
e acompanha teus filhos
em sua vida e mistério,
ó Mãe dos Sacerdotes. Amém[6].

---

6. JOÃO PAULO II, *Pastores dabo vobis. A formação dos sacerdotes*, São Paulo, Madri, 1992, 82.

Prece à Rainha dos Apóstolos

*O apóstolo é capaz de ver o mundo
a partir do coração de Cristo*

Ó Mãe,
nós te invocamos como Rainha dos Apóstolos,
quando de ti continuamente tanto precisamos.
Para levar os homens a Jesus
precisamos de ti, Maria,
pois transmites à vida
um sabor de ternura e amor.
A ti clamamos quando ocorre um fracasso,
quando nos sentimos exaustos,
quando o cotidiano se torna árduo demais.

Se nos cedes os teus olhos,
o nosso olhar será límpido.
Se nos cedes as tuas mãos,
haverá misericórdia.
Se nos cedes os teus pés,
unidos caminharemos.

Rainha dos Apóstolos,
roga por nós,
para que saiamos ao encontro do mundo
e tenhamos a coragem de testemunhar Jesus. Amém.

Tempo comum

No tempo comum se repete com freqüência a memória de Santa Maria, tanto no calendário romano geral como nos das igrejas particulares e institutos religiosos.

Por isso, há nos próprios do rito romano abundantes formulários de missas de Nossa Senhora, cujo objeto, embora sendo único e sempre o mesmo — a obra de Deus realizada em Maria em vista de Cristo e da Igreja —, celebra-se sob múltiplos e diversos aspectos.

Os formulários das missas do tempo comum, levando em conta o aspecto do mistério que se celebra, subdividem-se em três partes:

— A primeira compreende onze formulários, que celebram a memória da Mãe de Deus com títulos tomados principalmente da Sagrada Escritura ou que exprimem a relação de Maria com a Igreja (missas 19 a 29).

— A segunda comporta nove formulários, nos quais a Mãe do Senhor é venerada com títulos que recordam sua intervenção na vida espiritual dos fiéis (missas 30 a 38).

— A terceira compreende oito formulários que celebram a memória de Santa Maria com títulos que evocam sua misericordiosa intercessão em favor dos fiéis (missas 39 a 46).

Nossa Senhora, Mãe do Senhor

1Cr 15,3-4.15-16; 16,1-2
Sl 131
Lc 1,39-47

Oração

Ao celebrarmos hoje
a comemoração gloriosa da Virgem Maria,
concedei-nos, Senhor, por sua intercessão,
tornar-nos dignos de participar, como ela,
na plenitude da vossa graça.
Por nosso Senhor Jesus Cristo...

Prefácio

A MÃE DO SENHOR, FIEL DISPENSADORA
DA GRAÇA DIVINA

Na verdade é justo e necessário,
é nosso dever e salvação
dar-vos graças
sempre e em todo o lugar,
Senhor, Pai santo,
Deus eterno e todo-poderoso.
Pois operastes maravilhas na Mãe de vosso Filho
e por ela não cessais de efetuar
em nós a salvação;
ela, por vosso desígnio providencial,
exerce na Igreja encargo maternal
e é fiel dispensadora da vossa graça;
por sua palavra nos aconselhais,
por seu exemplo nos atraís ao seguimento de Cristo
e por suas preces nos perdoais.

Santo Agostinho

Cristo nasceu,
como Deus, do Pai;
como homem, da mãe;
da imortalidade do Pai
e da virgindade da mãe.
Do Pai, sem mãe; e da mãe, sem pai;
do Pai, sem tempo; da mãe, sem sêmen;
no nascimento do Pai, é princípio da vida;
no da mãe, fim da morte;
nascido do Pai, ordena a seqüência dos dias;
nascido da mãe, consagra este dia[1].

Santo Efrém

"Tu, meu Filho, não és só homem,
e eu não me atrevo a cantar-te
uma canção singela e corriqueira;
pois tua concepção difere de qualquer outra,
e o teu nascimento é um milagre.
Quem, falho de inspiração,
pode louvar-te, entoando salmos?
Um novo cântico de profecias nasce em mim.
Que nome te darei, ó peregrino,
que te fizeste igual a um de nós?
Chamar-te-ei esposo ou meu senhor?
Mas sou tua irmã, da casa de Davi,
pai da nossa comum estirpe.
Por tua concepção, sou tua mãe,
tua noiva por santidade,
serva e filha, no sangue e na água
por ti resgatada e batizada."

"Não tenho ciúmes, ó Filho meu, ao ver-te
cercado pelo conjunto
de todo o gênero humano.

---

1. Sermão 194, 1, em *Obras completas de Santo Agostinho* XXIV, BAC, Madri, 1983, 45-46.

Revela-te como Deus a quem te professa;
como Senhor, a quem te serve;
e sê o irmão de quem te ama,
a fim de que todos sejam teus.
Enquanto em mim moravas,
estiveste dentro de mim e fora de mim;
depois eu dei-te à luz,
e teu poder latente ficou visível perto de mim.
Estás em mim e fora de mim: maravilhas a tua mãe.
Com meus olhos contemplo a tua figura exterior,
mas no meu íntimo diviso,
ó Santo, a tua imagem secreta.
Em tua forma visível, eu vi Adão;
em tua imagem secreta, fitei o teu Pai,
intimamente unido a ti.
Somente a mim revelaste, em duas imagens,
toda a tua formosura?"[2]

Prece a Maria santíssima, Mãe do Senhor

Chamo-te Mãe porque contigo tudo é mais fácil

Encanta-me chamar-te de Mãe,
repetir, uma e mil vezes,
esta palavra,
que para mim evoca tantas coisas.
Mãe e amiga sempre a meu lado,
ao cair da tarde,
quando chega a noite.
Mãe, todos os dias,
também quando imagino que ninguém me quer,
também quando me aparto.

Deixa-me, ó Mãe,
chamar-te agora de mãe,

---

2. Em homenagem à encarnação de Jesus Cristo, canções IV e XI, em L. OBREGÓN, *Maria nos padres da Igreja*, Ciudad Nueva, Madri, 1988, 133-134. Doravante citaremos a obra só por seu título.

quando a dor aperta,
quando assoma a morte.

Mãe do meu Senhor,
a teu lado sinto-me feliz
por saber que és a minha mãe. Amém.

Nossa Senhora, a nova mulher

🙢 🙢 🙢

Ap 21,1-5a
Salmo: Is 61,10-11; 62,2-3
Lc 1,26-38 ou Jo 2,1-11

Oração

Ó Deus,
que fizestes da Virgem Maria,
plasmada pelo Espírito Santo,
as primícias da nova criação,
concedei-nos abandonar
nossa antiga situação de pecado
e abraçar a novidade do evangelho,
vivendo o mandamento do amor.
Por nosso Senhor Jesus Cristo...

Prefácio

MARIA, NOVA MULHER, PRIMEIRA DISCÍPULA
DA NOVA ALIANÇA

Na verdade é justo e necessário,
é nosso dever e salvação
dar-vos graças
sempre e em todo o lugar,
Senhor, Pai santo,
Deus eterno e todo-poderoso.
Porque destes a Cristo, autor da nova aliança,
a Virgem Maria por mãe e associada,
e fizestes dela as primícias do vosso novo povo.
Pois ela, concebida sem pecado
e cumulada de vossa graça,

é realmente a nova mulher
e primeira discípula da nova lei.
Ela é a mulher alegre em vosso serviço,
dócil à voz do Espírito Santo,
solícita na fidelidade à vossa palavra.
Ela é a mulher ditosa por sua fé,
abençoada em seu Filho
e exaltada entre os humildes.
Ela é a mulher forte na tribulação,
firme junto à cruz do Filho
e gloriosa em seu desenlace.

Paulo VI

Deve considerar-se normal que as gerações cristãs, ao contemplarem a figura e a missão de Maria — qual nova mulher e perfeita cristã, que reuniu em si as situações mais características da vida feminina, porque Virgem, Esposa e Mãe —, tenha visto na Mãe de Jesus o tipo eminente da condição feminina e o exemplo puro de vida evangélica.

A piedade para com a Mãe do Senhor torna-se, pois, para o fiel, ocasião de crescimento na graça divina. Esta graça divina reveste todo o homem e torna-o conforme à imagem do Filho de Deus. A Igreja católica, apoiada numa experiência de séculos, reconhece na devoção à Virgem Santíssima um auxílio poderoso para o homem que marcha rumo à conquista de sua própria plenitude.

Maria, a *mulher nova*, está ao lado de Cristo, o *homem novo*, em cujo mistério, somente, encontra verdadeira luz o mistério do homem; e está aí, qual penhor e garantia de que numa simples criatura — nela — já se tornou realidade o plano de Deus em Cristo, para a salvação de todo homem.

Para o homem contemporâneo — não raro atormentado entre a angústia e a esperança, prostrado mesmo pela sensação das próprias limitações e assaltado por aspirações sem limites, perturbado na mente e dividido em seu coração, com o espírito suspenso perante o enigma da morte, oprimido pela solidão e, simultaneamente, tendendo para a comunhão, presa da náusea e do tédio —, a bem-aventurada Maria, contemplada nas vicissitudes evangélicas em que interveio e na realidade que já alcançou na Cidade de Deus, proporciona uma visão serena e uma palavra tranquilizante: a da vitória da esperança sobre a angústia, da comunhão sobre a solidão, da paz sobre a perturbação, da alegria e da beleza sobre o tédio e a náusea e, enfim, da vida sobre a morte[3].

São Proclo de Constantinopla

Admiremos hoje um grupo de mulheres:
aclamemos Sara, agraciemos Rebeca,
admiremos também Lia, louvemos Débora.
Chamemos bem-aventurada Isabel.
Veneremos também Maria, porque foi mãe,
outrossim serva, nuvem, tálamo e arca do Senhor.
Mãe, gerou aquele que quis nascer
neste mundo.
Serva, confessou a natureza, proclamou a graça.
Nuvem, concebeu do Espírito Santo
aquele a quem deu à luz sem corrupção.
Tálamo, nela habitou o Verbo de Deus,
como em aposento nupcial.
Arca não por ter contido a lei,
mas porque trouxe em seu seio o legislador.
Aclamemo-la, portanto, dizendo:
Bendita entre as mulheres,
tu que és a única que aliviou a pena de Eva,
a única que enxuga as lágrimas de quem chora,
a única que trouxe ao mundo o seu resgate,
a única a quem foi confiado o tesouro
da pérola preciosa,
a única que, sem prazer dos sentidos,
ficou grávida
e deu à luz sem dor,
a única que gerou o Emanuel, segundo sua vontade.

---

3. PAULO VI, *Marialis cultus*, 36 e 57.

Bendita és entre as mulheres
e bendito o fruto do teu ventre[4].

Prece a Nossa Senhora, a nova mulher

*Com Cristo, tudo é novo, tudo tem sabor
de eterna novidade*

Tu, sim, mulher, é que és "nova",
porque vives amando
e o amor é sempre novo
qual manhã de primavera.

Santa Maria, nova mulher,
que és ditosa por tua fé,
alegre por tua esperança,
feliz porque jamais cessas de amar.

Mãe, nova mulher,
que nunca falsificaste o amor.
Amando contra ventos e maré,
oferecendo a tua vida
desde o gozo de Belém
e as dores da cruz.
Santa Maria, mulher nova,
modelo de todos nós,
que temos um coração envelhecido
e por vezes cansado de não amar. Amém.

---

4. *Louvores à Virgem Mãe*, em *Louvores a Nossa Senhora*, Narcea, Madri, 1987, 52.

O nome da Virgem Maria

🙵 🙵 🙵

Sr 24,17-22
Salmo: Lc 1,46-54
Lc 1,26-38

Oração

Ó Deus, vosso Filho, ao expirar na cruz,
quis que a Virgem Maria,
escolhida por ele como Mãe,
também fosse nossa mãe.
Concedei aos que recorremos a sua proteção
sermos confortados pela invocação
do seu santo nome.
Por nosso Senhor Jesus Cristo...

Prefácio

SANTA MARIA, TEMPLO DA GLÓRIA DE DEUS
Na verdade é justo e necessário,
é nosso dever e salvação
dar-vos graças
sempre e em todo o lugar,
Senhor, Pai santo,
Deus eterno e todo-poderoso,
por Cristo, nosso Senhor.
O nome de Jesus nos alcança a salvação,
e diante dele todo o joelho se dobra
no céu, na terra e debaixo da terra.
Mas também estabelecestes, com amorosa providência,
que o nome da Virgem Maria
ocorresse com freqüência nos lábios dos fiéis;

estes a contemplam confiantes,
qual estrela luminosa,
invocam-na nos perigos
e em suas necessidades nela se refugiam, seguros.

São Bernardo

E o nome da Virgem era Maria.

Vamos entreter-nos um pouco com este nome, que significa "Estrela do Mar", e por isso aplica-se com toda a propriedade à Virgem Mãe. Com efeito, é acertado compará-la a uma estrela. Porque, se todo astro irradia sua luz sem se consumir, a Virgem deu à luz sem lesão de sua virgindade. Os raios que a estrela emite não lhe minguam a claridade, como o Filho que a Virgem nos dá não lhe menospreza a integridade.

Maria é a estrela radiante que nasce de Jacó, cuja luz se difunde no mundo inteiro, cujo resplendor brilha nos céus e penetra nos abismos, propaga-se por toda a terra, protege não só os corpos, como também os espíritos, revigora as virtudes e extingue os vícios. Repito, Maria é a mais brilhante e formosa das estrelas. Vejam este vasto mar, sobre o qual ela se eleva infalivelmente, esplendorosa por seus exemplos e cintilante por seus méritos.

Ó tu, quem quer que sejas e te sentes arrastado pela correnteza deste mundo, náufrago da borrasca e da tempestade, sem apoio em terra firme, não desvies o olhar desta estrela se não queres ser tragado pelas águas.

Se se desencadeiam os ventos das tentações, se te vês arrastado contra as rochas do desalento, fita a estrela, chama por Maria. Se és batido pelas ondas da soberba, da ambição, da detração ou da inveja, fita a estrela, chama por Maria.

Se a ira ou a avareza ou a sedução carnal sacodem, furiosas, o barquinho de teu espírito, volve o olhar para Maria. Se, angustiado pela enormidade dos teus crimes ou aturdido pela deformidade da tua consciência ou aterrorizado pelo pavor do juízo, começa a tragar-te o abismo da tristeza ou o inverno do desespero, pensa em Maria.

Se te acomete o perigo, a angústia ou a dúvida, recorre a Maria, invoca Maria. Nunca se tranque a tua boca ao nome de Maria, não se ausente do teu coração, não falseies o exemplo da sua vida, pois assim poderás contar com o sufrágio da sua intercessão.

Se a seguires, não te transviarás; se a ela recorreres, não desesperarás. Se dela te lembrares, não cairás no erro. Se ela te amparar, não tombarás. Nada temerás, se ela te proteger; se te deixares conduzir por ela, não te cansarás; com seu favor, chegarás ao porto.

Assim, tu mesmo poderás experimentar com quanta razão diz o evangelista: *e o nome da Virgem era Maria*[5].

Rezar um nome

Teu nome irrompe em meus lábios, como descanso do coração

Teu nome?... Myriam... Mariam... Maria!
Que nome tão fácil, ó mãe,
como é fácil chamar-te assim.
Não és a única que o leva,
mas decerto és a única
cujo nome condensa,
hospeda, agasalha, inclui...,
uma vida inteira de amor.

Maria!... Filha, esposa, mãe...
Quanta doação!...
Quanta glória!...
Quanto amor!...
Quanta segurança!...

&ed; &ed; &ed;

Senhora de nome tão lindo,
ensina-nos a pronunciá-lo
com amor e ternura. Amém.

---

5. *Em louvor da Virgem Mãe*, Hom. II, 17, em *Obras completas de São Bernardo* II, BAC, Madri, 1984, 637-639.

Nossa Senhora, escrava do Senhor

🙢 🙢 🙢

1Sm 1,24-28; 2,1-2.4-8
Salmo: Lc 1,46-55
Lc 1,26-38

Oração

Ó Deus, que no vosso projeto misericordioso
de redenção fizestes a Virgem Maria vossa humilde escrava,
Mãe de Cristo e a Ele associada,
concedei que vos sirvamos como ela
e nos consagremos sem reservas
à salvação dos homens.
Por nosso Senhor Jesus Cristo...

Prefácio

> A BEM-AVENTURADA VIRGEM, ESCRAVA DO SENHOR, CONTRIBUIU
> COM O MISTÉRIO DA REDENÇÃO

Na verdade é justo e necessário,
é nosso dever e salvação
dar-vos graças
sempre e em todo o lugar,
Senhor, Pai santo,
Deus eterno e todo-poderoso.
Vós vos agradastes singularmente
da bem-aventurada Virgem Maria,
pois ela, abraçando a vossa vontade salvífica,
se consagrou totalmente à obra do vosso Filho,
como fiel cooperadora na redenção do homem.
Se ela muito serviu a Cristo,
foi muito honrada por nós,
e a enaltecestes como Rainha junto do vosso Filho.

Tendo-se proclamado vossa humilde escrava e serva dos homens, ela intercede por nós.

São Tomás de Villanova

Tendo ouvido a embaixada celestial, responde ao anjo com toda a simplicidade: *Eis a escrava do Senhor, faça-se em mim segundo a tua palavra.*

Tu me dizes, ó anjo de Deus, que vou ser mãe; eu sei que sou uma escrava; mas, precisamente por ser escrava do Senhor, não posso me opor à sua vontade. Portanto, *faça-se em mim segundo a tua palavra*. Ela é verdadeiramente escrava, já que nem por atos, nem por palavras, nem por pensamentos, jamais contradisse o Altíssimo; verdadeiramente *escrava*, pois, feita escrava, nunca se furtou a esta servidão; de fato, enquanto outras se entregam livremente ao serviço de Deus, ela o servia como propriedade sua, sem reservar para si mesma um mínimo de liberdade, mas sujeitando-se plenamente. Chama-se *escrava* com toda a propriedade; e sabemos que quem nasce de uma escrava escravo é, pois, conforme a lei, o filho não herda a condição do pai, mas a da mãe.

A Mãe se confessa escrava e o Filho declara que é servo. Assim diz Ele: *Eu sou o teu servo*, e servo no sentido pleno da palavra, já que é filho da *tua escrava*.

Com profundo mistério, pois, e sublime inspiração da divindade, estando para conceber a Deus, ela alude à sua escravidão, para consagrar ao serviço do mundo o filho que dela nasceria[6].

Santo Ildefonso

Achego-me a ti, única virgem e mãe de Deus; diante de ti me prostro, instrumento ímpar da encarnação do meu Deus, humilho-me diante de ti, única mãe reconhecida do meu Senhor; suplico-te, única escrava reconhecida do teu Filho, que me sejam perdoados os meus pecados, que me faças amar a glória da tua virgindade, que me descu-

---

6. *Na anunciação da bem-aventurada Virgem Maria, Sermão II*, 6, em *Obras de S. Tomás de Villanova*, BAC, Madri, 1952, 254.

bras a imensidade da doçura do teu Filho e me concedas alcançar e defender a fé em teu Filho, e me outorgues também consagrar-me a Deus e a ti, ser escravo do teu Filho e teu, e servir ao teu Senhor como a ti mesma.

A ele como meu criador, a ti como Mãe do nosso criador; a ele como Senhor das virtudes, a ti como escrava do Senhor de todas as coisas; a ele como Deus, a ti como Mãe de Deus; a ele como meu Redentor, a ti como instrumento da minha redenção. Porque o que ele operou em minha redenção veio na realidade da tua pessoa.

Aquele que foi feito meu redentor foi teu Filho. Aquele que foi o preço do meu resgate tomou carne da tua carne. Aquele que curou minhas feridas tomou da tua carne um corpo mortal, com que eliminaria a minha morte; do teu corpo mortal tomou um corpo mortal, com o qual apagaria meus pecados que sobre si carregou; tomou de ti um corpo sem pecado, tomou a minha natureza da realidade do teu humilde corpo, que ele mesmo introduziu na glória da mansão celestial acima dos anjos, como minha predecessora em teu Reino.

Por isso sou teu servo, porque meu Senhor é teu Filho. Por isso és minha senhora, por seres escrava do meu Senhor. Por isso sou escravo da escrava do meu Senhor, porque tu, minha senhora, foste feita Mãe do meu Senhor. Por isso fui feito escravo, porque foste feita Mãe do meu Criador.

Eu, como servo de Deus, desejo que ela seja minha senhora; para que o seu Filho seja meu Senhor, proponho servi-lo; para provar que sou servo de Deus, desejo para mim o testemunho do Senhor de sua Mãe; para ser devoto servo do Filho do Pai, desejo estar fielmente a serviço da Mãe. Pois assim refere-se ao Senhor o que serve à escrava, assim redunda em honra do Filho o que se tributa à Mãe, assim se reveza no Filho o que se faz à Mãe, assim reflete no Rei a honra que se presta no serviço da Rainha[7].

Prece a Nossa Senhora, escrava do Senhor

Nada traz mais liberdade ao coração do que quando, por amor, nos fazemos "escravos"

---

7. *A perpétua virgindade de Maria*, XII, em *Santos padres espanhóis*, I: *S. Ildefonso de Toledo*, BAC, Madri, 1971, 147-152.

Obrigado, ó Mãe, pelo teu *sim* incondicional,
porque nos ensinas que a verdadeira liberdade
está em ligar-se ao Senhor
e a nossos irmãos com vínculos de amor.
És a mulher mais livre que jamais existiu
por te haveres feito escrava do Senhor.
És a que mais alto voou,
amando sempre e por toda a parte.
Concede-nos a nós, pecadores,
sermos capazes de amar como tu,
imersos no silêncio dos pobres,
com a alegria de quem fez o dom da própria vida.

Santa Maria, escrava do Senhor,
mulher forte e simples,
faz-nos "escravos" para mais amar. Amém.

Nossa Senhora, templo do Senhor

ᝣ ᝣ ᝣ

1Rs 8,1.3-7.9-11 ou Ap 21,1-5a
Sl 83
Lc 1,26-38

Oração

Ó Deus, que no seio virginal de Maria
construístes de modo inefável
um templo santo para vosso Filho,
concedei-nos adorar-vos
no Espírito Santo e em verdade,
conformando-nos fielmente à graça do batismo,
para merecer converter-nos também nós
em templos vivos da vossa glória.
Por nosso Senhor Jesus Cristo...

Prefácio

    SANTA MARIA, TEMPLO SINGULAR DA GLÓRIA DE DEUS

Na verdade é justo e necessário,
é nosso dever e salvação
dar-vos graças
sempre e em todo o lugar,
Senhor, Pai santo,
Deus eterno e todo-poderoso,
por haverdes preparado em nós uma morada
purificada e iluminada pelo Espírito Santo
e santificada com vossa presença.
Pelo mistério da encarnação
e por sua fé obediente,

a Virgem Maria
converteu-se em templo singular da vossa glória,
casa adornada pelo Espírito
com toda a espécie de virtudes,
palácio real resplandecente
pelo fulgor da verdade,
cidade santa alegrada pelos rios da graça,
arca da nova aliança,
que contém o autor da nova lei,
Jesus Cristo, nosso Senhor.

São Francisco de Assis

Salve, Senhora, Rainha santa, santa Mãe de Deus,
Maria, convertida em templo
e escolhida pelo santíssimo Pai do céu,
por Ele consagrada com seu santíssimo Filho amado
e o Espírito Santo Paráclito;
que teve e tem toda a plenitude da graça
e todo o bem!
Salve, palácio de Deus!
Salve, tabernáculo de Deus!
Salve, casa de Deus!
Salve, vestimenta de Deus!
Salve, escrava de Deus!
Salve, Mãe de Deus!
Salve também todas vós, santas virtudes,
que, pela graça e iluminação do Espírito Santo,
sois infundidas nos corações dos fiéis,
para transformá-los, de infiéis, em fiéis a Deus![8]

São Luís Maria Grignion de Montfort

Canta, ó alma, canta e anuncia
a glória do Redentor,

---

8. *Saudação à bem-aventurada Virgem Maria*, em S. FRANCISCO DE ASSIS, *Escritos-Biografias-Documentos da época*, BAC, Madri, 1979, 46.

a bondade sem par de Maria
com seu fiel escravo de amor.
Quem nos dera a voz do trovão
para bradar na imensidão
que quem mais a serve e venera
maior felicidade encontra!
Cristão, atentai no que vos digo,
eleitos, ouvi minha voz;
quero cantar as maravilhas
da vossa mãe e Mãe de Deus.
Ela é meu imenso tesouro,
meu tudo ao pé de Jesus,
minha honra, vida e carinho
e albergue da minha virtude.
Ela é minha arca da aliança,
onde encontro a santidade;
alva túnica de inocência,
que protege minha dignidade.
É meu templo, meu santuário,
onde encontro o meu Redentor,
onde imploro com firme acento,
onde sempre alcanço favor.
É meu forte e grande cidadela,
minha segurança contra o mal;
é minha nau, na qual sem temores
o mar revolto vou cruzando.
Dela em tudo dependo
para melhor servir ao Senhor;
minha alma e meu corpo, e minhas alegrias,
tudo em mim depende dela.
Tudo faço nela e por ela,
que é segredo de santidade,
para a Deus em tudo ser fiel
e sempre fazer a sua vontade.
Ó cristãos, supri, vos peço,
minha insondável infidelidade;
amai Jesus e Maria

no tempo e na eternidade.
Deus só[9].

Prece a Nossa Senhora, templo do Senhor

Como não amar-te, ó Mãe, se me amaste
com o dom de tua vida?

Em ti, Maria,
em teu seio virginal,
Deus quis viver nove meses
para de ti nascer,
e ser totalmente teu, Maria,
e totalmente do Pai.
O teu seio
foi o templo onde Deus habitou,
para ser um de nós,
para viver minha vida
e conceder-me viver a dele.

Obrigado, Maria,
Templo do Senhor,
por acolheres em ti
a humanidade inteira
e seres totalmente de Deus.

Santa Maria, templo do Senhor,
roga sem cessar por nós,
para que também
tenhamos consciência
de que, pela vida da graça,
somos templo onde habita
a Santíssima Trindade. Amém.

---

9. *O devoto escravo de Jesus em Maria* (Cântico 77), em S. LUIS MARIA GRIGNION DE MONTFORT, *Obras*, BAC, Madri, 1984, 693-695.

Nossa Senhora, trono da sabedoria

❧ ❧ ❧

Pr 8,22-31 ou Sr 24,1.3-4.8-12.19-21
Sl 147
Mt 2,1-12 ou Lc 2,15b-19 ou Lc 10,38-42

Oração

Pai santo, Deus eterno,
que quisestes assentar na Santíssima Virgem Maria
o trono real da vossa sabedoria,
iluminai a Igreja com a luz
da Palavra da vida,
a fim de que nela resplandeça a força da verdade
e chegue, radiante, ao pleno conhecimento do vosso amor.
Por nosso Senhor Jesus Cristo...

Prefácio

> A SABEDORIA ERGUEU SUA MORADA
> NAS PURÍSSIMAS ENTRANHAS DE MARIA

Na verdade é justo e necessário,
é nosso dever e salvação
dar-vos graças
sempre e em todo o lugar,
Senhor, Pai santo,
Deus eterno e todo-poderoso,
por Cristo, nosso Senhor.
Pois com imensa bondade
realizastes na bem-aventurada Virgem Maria
o plano da nossa redenção
preparado desde antes dos séculos.
Ao chegar a plenitude dos tempos,

a Sabedoria divina ergueu sua morada
nas puríssimas entranhas da Virgem;
e o Criador da história
nasceu no tempo como novo Adão,
para eliminar em nós o homem velho
e comunicar-nos uma vida nova.

João Paulo II

Maria é sinal luminoso e exemplo fascinante de vida moral: "A sua vida é ensinamento para todos", escreve Santo Ambrósio, que, dirigindo-se especialmente às virgens, mas num horizonte aberto a todos, assim afirma: "O primeiro ardente desejo de aprender dá-o a nobreza do mestre. E quem é mais nobre do que a Mãe de Deus? Ou mais esplêndido do que aquela que foi eleita pelo próprio Esplendor?"

Maria vive e realiza a própria liberdade, doando-se ela mesma a Deus e acolhendo em si o dom de Deus. Guarda em seu seio virginal o Filho de Deus feito homem até o momento do seu nascimento; educa-o, o faz crescer e acompanha-o naquele gesto supremo de liberdade que é o sacrifício total da própria vida. Com o dom de si mesma, Maria entra plenamente no desígnio de Deus, que se dá ao mundo.

Ao acolher e meditar em seu coração acontecimentos que nem sempre compreende, torna-se o modelo de todos aqueles que escutam a palavra de Deus e a praticam e merece o título de "Sede da Sabedoria". Esta sabedoria é o próprio Jesus Cristo, o Verbo eterno de Deus, que revela e cumpre perfeitamente a vontade do Pai.

Maria convida cada homem a acolher esta Sabedoria. Também a nós dirige a ordem dada aos servos em Caná da Galiléia, durante o banquete de núpcias: "Fazei o que ele vos disser".

Maria compartilha a nossa condição humana, mas numa total transparência à graça de Deus. Não tendo conhecido o pecado, ela é capaz, todavia, de se compadecer de qualquer fraqueza. Compreende o homem pecador e ama-o com amor de mãe. Precisamente por isso, está do lado da verdade e compartilha o peso da Igreja, ao recordar a todos e sempre as exigências morais. Pelo mesmo motivo, não aceita que o homem pecador seja enganado por quem pretendesse amá-lo justificando o seu pecado, pois sabe que desta forma torna-se vão o sacrifício de Cristo, seu Filho. Nenhuma absolvição, oferecida por condescendentes doutrinas filosóficas ou teológicas, pode tornar o homem verdadeiramente feliz: só a cruz e a glória de Cristo ressuscitado pode dar paz à sua consciência e salvação à sua vida.

Ó Maria,
Mãe de misericórdia,
velai por todos para não se desvirtuar
a Cruz de Cristo,
para que o homem
não se extravie do caminho do bem
nem perca a consciência do pecado, mas cresça
na esperança em Deus,
"rico em misericórdia",
cumpra livremente as boas obras
por ele de antemão preparadas
e toda a sua vida seja assim,
"para louvor de sua glória"[10].

Prece à Virgem Maria, trono da sabedoria

*Sábio é quem testemunhou o quanto é bom
o Senhor*

Ó Virgem Maria, *trono da sabedoria,*
nós te chamamos de Mãe e amiga,
mulher, na qual fixou o seu trono,
para ensinar,
com o despretensioso magistério
de quem vem viver entre os homens
para trazer-lhes a salvação.
Faz-nos compreender, Senhora,
a sabedoria dos pobres,
o deleite, fruto do amor de Deus,
saborear o quanto o Senhor nos ama.
Tu, ó Mãe,

---

10. JOÃO PAULO II, *Veritatis splendor. O esplendor da verdade*, São Paulo, Edições Loyola, 4ª ed., 1997.

nos ensinas a dar a Jesus,
a verdadeira sabedoria do Pai.

Ensina-nos, Senhora,
a granjear a sabedoria do coração,
a de considerar Jesus
como único salvador da nossa vida,
que nos conduz aos mananciais da Paz. Amém.

Nossa Senhora, imagem e Mãe da Igreja (1)

❧ ❧ ❧

Gn 3,9-15.20
Salmo: Jd 13,18-19
Jo 19,25-27

Oração

Ó Deus, Pai de misericórdia,
vosso Filho, cravado na cruz,
indicou como nossa Mãe
a santíssima Virgem Maria, sua Mãe;
concedei-nos, por sua intercessão amorosa,
que vossa Igreja, cada dia mais fecunda,
exulte pela santidade de seus filhos
e atraia ao seu seio
todas as famílias dos povos.
Por nosso Senhor Jesus Cristo...

Prefácio

MARIA, MODELO E MÃE DA IGREJA NO MUNDO

Na verdade é justo e necessário,
é nosso dever e salvação
dar-vos graças sempre e em todo o lugar,
Senhor, Pai santo,
Deus eterno e todo-poderoso,
e louvar-vos como convém
nesta celebração
em honra da Virgem Maria.
Ao acolher a vossa Palavra, de coração puro

ela mereceu concebê-la em seu seio virginal
e, ao dar à luz o seu Filho,
preludiou o nascimento da Igreja.
Ao receber, junto à cruz,
o testamento do vosso amor divino,
ela adotou como filhos todos os homens,
nascidos pela morte de Cristo
à vida sobrenatural.
Durante a expectativa do Espírito em Pentecostes,
ao associar suas orações às dos discípulos,
ela se converteu em modelo da Igreja suplicante.
Após sua assunção ao céu,
acompanha com amor materno
a Igreja peregrina,
e protege-lhe os passos, rumo à pátria celeste,
até a vinda gloriosa do Senhor.

Bem-aventurado Isaac de Stella

O Filho de Deus é o primogênito entre muitos irmãos; sendo Filho único por natureza, associou a si muitos pela graça, para que fossem um só com ele; pois, a quantos o recebem, *deu-lhes o poder de se tornarem filhos de Deus*.

Deste modo, constituído Filho do homem, a muitos constituiu filhos de Deus. Associou muitos a si, ele que é único em sua caridade e em seu poder. E todos esses, embora sejam muitos por sua geração segundo a carne, são um só com ele pela regeneração divina.

Cristo é único, formando um todo a cabeça e o corpo; único como Filho do único Deus nos céus e de uma única Mãe na terra. Muitos filhos e um só Filho.

Pois, assim como a cabeça e os membros são um só Filho e ao mesmo tempo muitos filhos, assim também Maria e a Igreja são uma só mãe e mais do que uma; uma só virgem e mais do que uma.

Ambas são mães e ambas são virgens; ambas concebem virginalmente do mesmo Espírito; ambas dão à luz, para Deus Pai, uma descendência sem pecado. Maria, imune de todo o pecado, deu á luz a

Cabeça do corpo; a Igreja, para remissão de todos os pecados, deu à luz o corpo da Cabeça. Uma e outra é Mãe de Cristo, mas nenhuma delas, sem a outra, deu à luz o Cristo total.

Por isso, nas Escrituras divinamente inspiradas, o que se atribui em geral à Igreja, Virgem e Mãe, aplica-se em especial à Virgem Maria; e o que se atribui em especial a Maria, Virgem e Mãe, aplica-se em geral à Igreja, Virgem e Mãe, e quando um texto fala de uma ou de outra, pode ser aplicado quase indistinta e indiferentemente a uma e a outra.

Além disso, cada alma fiel é igualmente, a seu modo, esposa do Verbo de Deus, mãe de Cristo, filha e irmã, virgem e mãe fecunda. Tudo isso o refere a mesma Sabedoria de Deus, que é o Verbo do Pai, ora à Igreja em sentido universal, ora a Maria em sentido especial, ora a cada alma em particular.

Assim se lê na Escritura: *E habitarei na herança do Senhor*. A herança do Senhor é em termos universais a Igreja, em termos especiais Maria, e em termos singulares cada alma fiel. No tabernáculo do ventre de Maria, Cristo habitou nove meses; no tabernáculo da fé da Igreja, permanecerá até o fim do mundo; no conhecimento e amor da alma fiel, habitará pelos séculos dos séculos[11].

Prece à Mãe da Igreja

Como Maria, a Igreja gera Cristo
em sua pobreza

Mãe da Igreja,
não tardes em atender à nossa oração,
pois necessitamos do Senhor Jesus.
Ó Mãe da Igreja,
conforta-nos nas provações,
para sermos fiéis ao nosso batismo
e, entre os homens,
testemunhas do Ressuscitado.

---

11. Sermão 51, em *Liturgia das Horas* I, Ofício de leitura do sábado da II semana do advento, 218-219.

Obtém-nos, ó Mãe,
que a Igreja seja uma comunidade
que, aberta a todos,
semeie esperança, qual recinto de amor.
Que nenhum homem se sinta segregado da Igreja,
mas toda a humanidade
se persuada de que o maior tesouro
que a Igreja possui
é a salvação que Cristo nos alcançou. Amém.

Nossa Senhora, imagem e Mãe da Igreja (2)

Hb 1,12-14
Sl 86
Jo 2,1-11

Oração

Senhor Deus, que nos destes na Virgem Maria
um modelo de sublime amor
e profunda humildade,
concedei à vossa Igreja que,
praticando como ela o mandamento do amor,
se consagre totalmente à vossa glória
e ao serviço dos homens,
sendo perante todos os povos
um sacramento do vosso amor.
Por nosso Senhor Jesus Cristo...

Prefácio

A SANTÍSSIMA VIRGEM, MODELO DE CULTO VERDADEIRO

Na verdade é justo e necessário,
é nosso dever e salvação
dar-vos graças sempre e em todo o lugar,
Senhor, Pai santo,
Deus eterno e todo-poderoso,
por Cristo, nosso Senhor.
Vós destes à Igreja virgem,
por modelo de um culto verdadeiro,
a Virgem Maria.

Virgem ouvinte,
ela escuta prazerosa vossas palavras
e as medita em silêncio
no fundo do coração.
Virgem orante,
enaltece a vossa misericórdia
com seu cântico de louvor;
solícita, intercede pelos noivos em Caná
e permanece unida aos apóstolos em oração.
Virgem fecunda,
concebe o Filho por obra do Espírito Santo
e, junto à cruz, é proclamada Mãe
do povo da nova aliança.
Virgem oferente,
oferece-vos no templo o seu Filho primogênito
e, ao pé da árvore da vida,
une-se à oblação da sua vida.
Virgem vigilante,
espera sem hesitar
a ressurreição do seu Filho
e fielmente aguarda a efusão
do Espírito Santo.

São Guerrico, abade

Maria deu à luz um Filho que, assim como é o Filho único do seu Pai no céu, também é o Filho único de sua mãe na terra. Ora, essa única Virgem Mãe, que tem a glória de haver dado à luz o Filho único de Deus Pai, abraça este mesmo Filho em todos os seus membros; e não se envergonha de ser chamada Mãe de todos aqueles em quem reconhece a Cristo já formado ou em formação.

A antiga Eva, que deixou a seus filhos a sentença de morte ainda antes de verem a luz do dia, foi mais madrasta que mãe. Foi chamada *Mãe de todos os viventes*; mas verifica-se que, com mais verdade, ela foi origem de morte para os que vivem, a mãe dos que morrem, uma vez que seu ato de gerar outra coisa não foi senão propagar a morte. E, dado que a primeira Eva não correspondeu fielmente ao sentido do seu nome, a segunda cumpriu este mistério. Como a Igreja, de que é figura, Maria é a Mãe de todos os que renascem para a vida. Ela é verdadeiramente a Mãe da Vida que faz viver todos os homens; ao gerar a Vida, gerou, de certo modo, todos aqueles que haviam de viver dessa Vida.

Esta santa Mãe de Cristo, que se reconhece Mãe dos cristãos em virtude deste mistério, mostra-se também sua Mãe pelo cuidado e amor que tem por eles. Não é insensível para com eles, como se não fossem seus; Ela, cujas entranhas, uma só vez fecundas mas jamais estéreis, nunca deixa de dar à luz frutos de piedade.

Se o Apóstolo, servo de Cristo, uma e outra vez dá à luz os seus filhos pela solicitude e ardente piedade, *até que Cristo se forme neles*, quanto mais a própria Mãe de Cristo? E Paulo gerou-os de fato, pregando a palavra da verdade pela qual foram regenerados; Maria, porém, gerou-os de modo muito mais divino e santo, ao gerar a própria Palavra. Louvo realmente em São Paulo o mistério da pregação; mais, porém, admiro e venero em Maria o mistério da geração.

Vede agora se os filhos, por sua parte, não reconhecem a sua Mãe. Movidos como que por natural instinto de piedade que lhes vem da fé, recorrem espontânea e irresistivelmente à invocação do seu nome em todas as necessidades e perigos, refugiando-se como filhos no regaço de sua mãe. Por isso, julgo, não sem motivo, que é destes filhos que fala o profeta quando faz esta promessa: *Os teus filhos habitarão em ti*, ressalvando apenas o sentido que a Igreja dá a essa profecia.

Agora vivemos, na verdade, sob o amparo da Mãe do Altíssimo, habitamos sob a sua proteção e como que à sombra de suas asas; mais tarde seremos acalentados em seu regaço com a participação em sua glória. Então ressoará, numa só voz, a aclamação dos filhos que se alegram e congratulam com sua Mãe: *E cantarão enquanto dançam: "Todas as minhas fontes estão em ti, santa Mãe de Deus"*[12].

Prece à Santíssima Virgem ouvinte

Quando escutamos alguém que nos fala, estamos a dizer-lhe: eu acredito em você

---

12. Sermão 1, na Assunção de Nossa Senhora, na *Liturgia das Horas* III, Ofício da leitura do comum de Santa Maria no sábado, 1485-1486.

Ó Mãe da Igreja,
Virgem ouvinte,
que escutas a Palavra
e a pões em prática.

Tua vida, ó Mãe,
sempre foi viver do silêncio,
para acolher o que o Senhor te dizia,
para viver sempre disponível
à vontade de Deus.
Tua vida, Maria, limitou-se a escutar,
orar, oferecer e entregar.
Escutar em silêncio,
orar com o coração,
oferecer a vida,
entregando-a em tua pobreza.

Obrigado, Mãe da Igreja,
por teres chegado
àquilo que a Igreja aspira a ser.
Tua vida nos ensina
o que devemos ser e como viver. Amém.

Nossa Senhora, imagem e Mãe da Igreja (3)

❦ ❦ ❦

Ap 21,1-5a
Salmo: Is 12,2-6
Lc 1,26-38

Oração

Ó Deus,
a Virgem Maria, excelso fruto da Redenção,
brilha por vosso poder e bondade
como imagem puríssima da Igreja.
Concedei a este vosso povo
peregrino sobre a terra
que, de olhos fitos nela,
siga fielmente a Cristo
até chegar à plenitude da glória
que já contempla em Nossa Senhora.
Por nosso Senhor Jesus Cristo...

Prefácio

> NOSSA SENHORA RESPLANDECE COMO IMAGEM
> DA FUTURA GLÓRIA DA IGREJA

Na verdade é justo e necessário,
é nosso dever e salvação
dar-vos graças
sempre e em todo lugar,
Senhor, Pai santo,
Deus eterno e todo-poderoso.
Porque destes à vossa Igreja

a bem-aventurada Virgem Maria
como imagem puríssima de doação maternal
e da glória futura.

Ela é a Virgem
que resplandece pela integridade da fé;
a esposa
unida a Cristo pelo vínculo indissolúvel do amor
e associada à sua paixão;
a mãe,
fecunda por obra do Espírito Santo
e solícita pelo bem de todos os homens;
e a rainha,
adornada com as jóias das melhores virtudes,
vestida de sol, coroada de estrelas,
para sempre participante
da glória do seu Senhor.

Santo Aelredo, abade

Aproximemo-nos da esposa de Deus, aproximamo-nos de sua mãe, aproximemo-nos de sua melhor serva. Tudo isto é Maria.

Mas que faremos por ela? Que presentes lhe ofereceremos? Queira Deus que possamos dar-lhe ao menos aquilo a que somos obrigados por dívida. Devemos-lhe honra, devemos-lhe serviço, devemos-lhe amor, devemos-lhe louvor. Devemos-lhe honra, porque é mãe de nosso Senhor. De fato, quem não honra a Mãe desonra o Filho. Assim diz a Escritura: *Honra o teu pai e a tua mãe.*

Que diremos, pois, irmãos? Não é ela a nossa mãe? Certamente, irmãos, ela é verdadeiramente nossa mãe, já que por ela nascemos não para o mundo mas para Deus.

Todos nós, como acreditais e sabeis, estivemos mergulhados na morte, na caducidade, nas trevas, na desgraça. Na morte, porque perdêramos o Senhor; na caducidade, porque estávamos submetidos à corrupção; nas trevas, porque perdêramos a luz da sabedoria. Estávamos irremediavelmente perdidos.

No entanto, um nascimento muito melhor do que o que recebemos de Eva nos foi dado por Santa Maria, pelo fato de Cristo ter nascido dela. Em vez da velhice, recuperamos a juventude; em vez da corrupção, a incorruptibilidade; em vez das trevas, a luz.

Ela é nossa mãe, a mãe de nossa vida, a mãe de nossa incorruptibilidade, a mãe de nossa luz. O apóstolo diz a respeito de Nosso Senhor: *Ele tornou-se para nós, por graça de Deus, sabedoria, justiça, santificação e redenção.*

Por conseguinte, ela, que é a Mãe de Cristo, é a mãe de nossa justiça, a mãe de nossa santificação, a mãe de nossa redenção. Por isso, é mais nossa mãe do que a mãe do nosso corpo. O nascimento que recebemos dela é superior, porque dela vem a nossa santidade, a nossa sabedoria, a nossa justiça, a nossa redenção.

Diz a Escritura: *Louvai a Deus nos seus santos.* Se Nosso Senhor deve ser louvado nos santos, por meio dos quais faz prodígios e milagres, quanto mais não deve ser louvado naquela em que se fez a si mesmo, ele que é admirável sobre todas as maravilhas![13]

Prece à Mãe da Igreja

Amo-te, Igreja, de todo o meu coração porque sempre estiveste ao meu lado

Amo-te muito, ó Mãe,
por seres maravilhosa
como a Igreja,
que nasceu do lado de Cristo.
A Igreja sempre acompanhou minha existência.
Esteve presente quando nasci,
para conferir-me o batismo,
deu-me a eucaristia, o Cristo vivo,
perdoou-me os pecados,
assistiu-me na enfermidade
e nas grandes decisões de minha vida.

---

13. *Sermão 20*, na *Natividade de Maria*, em *Liturgia das Horas* III, Ofício das leituras do comum de Nossa Senhora, 1467-1468.

Maria, como a Igreja,
sempre acompanhou meus pés cansados,
e, quando eu morrer,
continuará rezando por mim,
porque na Igreja,
como família de Deus,
somos amados não pelo que temos,
mas pelo que somos. Amém.

O Imaculado Coração de Maria

✤ ✤ ✤

Jd 13,17-20; 15,9
Salmo: Lc 1,46-55
Lc 11,27-18 ou Lc 12,46-51

Oração

Senhor, nosso Deus,
que fizestes do Coração Imaculado de Maria
uma habitação para vosso Filho
e um sacrário do Espírito Santo,
concedei-nos um coração puro e dócil
para que, sempre submissos a vossos mandamentos,
vos amemos sobre todas as coisas
e ajudemos nossos irmãos em suas necessidades.
Por nosso Senhor Jesus Cristo...

Prefácio

O CORAÇÃO DA VIRGEM MARIA, CORAÇÃO
DO HOMEM DA NOVA LEI

Na verdade é justo e necessário,
é nosso dever e salvação
dar-vos graças
sempre e em todo o lugar,
Senhor, Pai santo,
Deus eterno e todo-poderoso.
Pois destes à Virgem Maria
um coração sábio e dócil,
sempre disposto a vos agradar;
um coração novo e humilde,
para nele gravar a lei da nova aliança;
um coração simples e impoluto,

que a tornou digna
de conceber virginalmente vosso Filho
e a capacitou para contemplar-vos eternamente;
um coração firme e decidido
a suportar com fortaleza a espada da dor
e aguardar, cheia de fé, a ressurreição de seu Filho.

João Paulo II

"À vossa proteção nos acolhemos, Santa Mãe de Deus!"

A Igreja, lembrando-se das palavras do Senhor: "Ide... e ensinai todas as nações... Eis que eu estou convosco todos os dias até o fim do mundo", no Concílio Vaticano II renovou a consciência de sua missão neste mundo.

Por isso, ó Mãe dos homens e dos povos, vós que "conheceis todos os seus sofrimentos e suas esperanças", vós que sentis maternalmente todas as lutas entre o bem e o mal, entre a luz e as trevas, que abalam o mundo contemporâneo, acolhei o nosso clamor que, movidos pelo Espírito Santo, elevamos diretamente ao vosso coração, e abraçai, com o amor da Mãe e da Serva, este nosso mundo humano, que vos confiamos e consagramos, cheios de inquietação pela sorte terrena e eterna dos homens e dos povos.

De modo especial vos entregamos e consagramos aqueles homens e aquelas nações que desta entrega e desta consagração têm particularmente necessidade.

"À vossa proteção nos acolhemos, Santa Mãe de Deus!"

Não desprezeis as nossas súplicas, pois nos encontramos na provação! Não desprezeis!

Acolhei a nossa humilde confiança e a nossa entrega!

"Porque Deus amou de tal modo o mundo que lhe deu o seu Filho unigênito, para que todo aquele que nele crer não pereça, mas tenha a vida eterna." Precisamente este amor fez com que o Filho de Deus se consagrasse a si mesmo: "Eu consagro-me por eles, para eles serem também consagrados na verdade".

Em virtude desta consagração, os discípulos de todos os tempos são chamados a empenhar-se pela salvação do mundo, a juntar alguma coisa aos sofrimentos de Cristo em benefício de seu Corpo, que é a Igreja.

Diante de vós, Mãe de Cristo, diante de vosso Coração Imaculado, desejo hoje, juntamente com toda a Igreja, unir-me com o nosso Redentor nesta sua consagração pelo mundo e pelos homens, a qual só no seu Coração divino tem o poder de alcançar o perdão e conseguir a reparação.

A força desta consagração permanece por todos os tempos e abarca todos os homens, os povos e as nações, e supera todo o mal que o espírito das trevas é capaz de despertar no coração do homem e na sua história e que, de fato, despertou em nossos tempos.

A esta consagração do nosso Redentor, mediante o serviço do sucessor de Pedro, une-se a Igreja, Corpo místico de Cristo.

Ó quão profundamente sentimos a necessidade de consagração, pela humanidade e pelo mundo: para nosso mundo contemporâneo, na unidade com o próprio Cristo!

Na realidade, a obra redentora de Cristo deve ser participada ao mundo pela mediação da Igreja.

Ó quanto nos penaliza, portanto, tudo aquilo que na Igreja e em cada um de nós se opõe à santidade e à consagração!

Quanto nos penaliza que o convite à penitência e à conversão, à oração, não tenha encontrado aquele acolhimento que devia!

Quanto nos penaliza que muitos participem tão friamente na obra da Redenção de Cristo!

Que tão insuficientemente se complete na nossa carne "aquilo que falta aos sofrimentos de Cristo!"

Sejam benditas, portanto, todas as almas que obedecem à chamada do Amor eterno!

Sejam benditos aqueles que, dia após dia, com generosidade inexaurível, acolhem vosso convite, ó Mãe, para fazer aquilo que diz vosso Jesus, e dão à Igreja e ao mundo um testemunho sereno de vida inspirada no Evangelho.

Sede bendita acima de todas as criaturas, vós, Serva do Senhor, que mais plenamente obedeceis a este divino apelo!

Sede louvada, vós que estais inteiramente unida à consagração redentora do vosso Filho!

Mãe da Igreja! Iluminai o povo de Deus nos caminhos da fé, da esperança e da caridade! Ajudai-nos a viver com toda a verdade da consagração de Cristo pela inteira família humana, no mundo contemporâneo.

Ó Coração Imaculado! Ajudai-nos a vencer a ameaça do mal que tão facilmente se enraíza nos corações dos homens de hoje e que nos seus efeitos incomensuráveis pesa já sobre a nossa época e parece fechar os caminhos do futuro!

Da fome e da guerra, livrai-nos!

Da guerra nuclear, de uma autodestruição incalculável e de toda espécie de conflitos, livrai-nos!

Dos pecados contra a vida do homem desde os seus primeiros instantes, livrai-nos!

Do ódio e do aviltamento dos filhos de Deus, livrai-nos!

De todo gênero de injustiça na vida social, nacional e internacional, livrai-nos!

Da facilidade de calcar aos pés os mandamentos de Deus, livrai-nos!

Dos pecados contra o Espírito Santo, livrai-nos!

Acolhei, ó Mãe de Cristo, este clamor carregado de sofrimento de todos os homens! Carregado do sofrimento da sociedade inteira!

Que se revele uma vez mais na história do mundo a força infinita do amor misericordioso!

Que ele detenha o mal! Que ele transforme as consciências!

Que se manifeste para todos, no vosso Coração Imaculado, a luz da esperança!

Suplico-vos ardentemente que interponhais a vossa intercessão pela paz no mundo, pela paz entre os povos[14].

---

14. Consagração do mundo a Nossa Senhora de Fátima (13 de maio de 1982) in *Osservatore Romano*, 13 de maio de 1982, p. 274.

Prece ao Coração Imaculado de Maria

O teu coração é a força de que nós, pobres, dispomos
Coração Imaculado de Maria,
simples e sempre aberto,
cheio de ternura e amor,
ensina-nos a manter um coração puro,
disponível para a doação,
alegre no seguimento,
isento de todo o egoísmo.
Acode as nossas vidas.
Conforta-nos na tribulação.
Dai-nos a coragem de ficar junto da cruz,
na alegre expectativa da ressurreição.

Mãe de coração aberto,
reflexo do amor de Deus,
espelho em que Deus se retrata,
ternura de mãos sempre acolhedoras,
ao teu lado sempre podemos caminhar
com a confiança
de quem se sente seguro
entre as batidas do teu coração. Amém.

Nossa Senhora, Rainha do Universo

☙ ☙ ☙

Is 9,1-3.5-6
Sl 44
Lc 1,26-38

Oração

Deus todo-poderoso,
que nos destes a Mãe de teu Unigênito
por mãe e rainha,
concedei-nos que, protegidos por sua intercessão,
alcancemos a glória de teus filhos
e o reino dos céus.
Por nosso Senhor Jesus Cristo...

Prefácio

A BEM-AVENTURADA VIRGEM, HUMILDE ESCRAVA,
É EXALTADA COMO RAINHA DOS CÉUS

Na verdade, Pai santo, é justo dar-vos graças
e nosso dever glorificar-vos,
por Cristo, nosso Senhor.
Porque, por vossa misericórdia e justiça
dispersais os soberbos e enalteceis
os humildes.
Coroastes de glória e colocastes à vossa destra
o vosso Filho, que voluntariamente se humilhou
até a morte de cruz;
e exaltastes acima dos coros dos anjos
a Virgem Maria, que se quis chamar vossa escrava
e pacientemente suportou
a ignomínia da cruz do Filho,

para que reinasse com ele gloriosamente,
intercedendo por todos os homens
como advogada da graça
e rainha do universo.

São Bernardo

Com toda a veemência do nosso coração, com nossos mais vivos sentimentos e anseios, veneramos Maria, pois é vontade do Senhor que tudo recebamos por Maria. De fato, é vontade dele, mas em favor nosso. Com sua constante e universal solicitude, ela conforta nosso temor, aviva nossa fé, robustece nossa esperança, dissipa nossa desconfiança e estimula nossa timidez.

Quando temias aproximar-te do Pai e, aterrado só com o som da sua voz, te escondias entre a folhagem, ele te outorgou Jesus por mediador. O que não conseguiria tal Filho de tal Pai? Pelo grande respeito que lhe tem, sempre o escutará: *o Pai ama o Filho;* acaso, porém, receias aproximar-te dele? É teu irmão e tão humano como tu; *para ser compassivo,* tem experiência de tudo, exceto do pecado. Quem te deu este irmão foi Maria.

Mas talvez te intimide a sua majestade divina, pois, embora homem, não deixa de ser Deus. Queres confiar num advogado diante dele? Recorra a Maria. Maria é a humanidade absolutamente pura, não só por ser isenta de qualquer mancha, mas por ter uma só natureza. E não tenho a menor dúvida em afirmar que também será escutada por sua reverência. O Filho atenderá sua Mãe, e o Pai, seu Filho.

Filhos meus, ela é a escada dos pecadores, ela é o maior motivo da minha confiança, ela é o fundamento firmíssimo da minha esperança. Poderia o Filho rechaçá-la ou ser rechaçado? Seria ele capaz de não atender nem ser atendido? De modo nenhum. *Encontraste graça diante de Deus,* diz o anjo. Felizmente. Ela sempre há de encontrar graça; e a única coisa de que precisamos é graça. Esta Virgem prudente não busca sabedoria como Salomão, nem riquezas, nem honra, nem grandezas, mas graça. E nossa salvação depende exclusivamente da graça.

Meus irmãos, para que aspirar a outras coisas? Busquemos a graça, e busquemo-la por Maria, pois ela sempre encontra o que busca e nunca decepciona. Busquemos a graça, mas a graça de Deus, pois o favor dos homens é duvidoso[15].

Ofício da Igreja grega

Senhora toda santa,
não me abandones em poder dos homens,
acolhe a súplica do teu servo,
pois me sinto oprimido pelas angústias
e custa-me resistir às pressões do mal.
Infeliz de mim! Não tenho proteção,
não sei onde refugiar-me,
combatido como estou por todos os lados,
e não acho consolo a não ser em ti.
Rainha do mundo,
esperança e proteção dos fiéis,
não desprezes minha súplica
e concede-me tudo de que necessito[16].

Prece a Nossa Senhora, rainha do universo

Maria, Deus pensou em ti antes de pensar nas cataratas e nos mares

Ó Mãe, a tua grandeza é tua pequenez.
Enamoraste o Senhor por tua humildade.
Tinhas uns olhos grandes
pelos quais Deus mostrava-se ao mundo.
Rainha do Universo,
de todo o criado.
Mais formosa que o sol da manhã.
Menor que uma gota de orvalho.
Mais singela que uma flor.

---

15. *Sermão da natividade de Santa Maria*, 7-8, em *Obras completas de S. Bernardo* IV, BAC, Madri, 1986, 425-427.
16. *Súplica a Nossa Senhora*, em *Louvores a Nossa Senhora*, 120-121.

Ajuda-nos a fitar a terra
com a bondade do teu coração,
para nos aproximarmos dos homens
e estreitar-lhes as mãos.
Mãe, rainha do universo,
companheira inseparável de toda a pessoa humana
que palmilha os caminhos da vida,
neste "vale de lágrimas",
sentindo o calor humano da tua presença.
Obrigado por tudo e sempre.
Por seres tão maravilhosa. Amém.

Nossa Senhora, Mãe e Medianeira da Graça

ೞ ೞ ೞ
Est 8,3-8.16-17a
Sl 66
Jo 2,1-11

Oração

Senhor, nosso Deus,
que, por misterioso desígnio da vossa providência,
nos destes o autor da graça
por meio da Virgem Maria
e a associastes à obra
da redenção humana,
concedei-nos que ela nos obtenha
a abundância da graça
e nos conduza ao porto da salvação eterna.
Por nosso Senhor Jesus Cristo...

Prefácio

O AMOR MATERNAL DA BEM-AVENTURADA
VIRGEM MARIA

Na verdade é justo e necessário,
é nosso dever e salvação
dar-vos graças
sempre e em todo o lugar,
Deus eterno e todo-poderoso,
por Cristo, Senhor nosso.
A ele, Deus e homem verdadeiro,
constituístes único Mediador,
sempre vivo para interceder por nós.

Mas também determinastes,
por desígnio da vossa inefável bondade,
que a Virgem Maria exercesse na Igreja
uma função maternal
de intercessão e de graça,
de súplica e de perdão,
de reconciliação e de paz.
A sua generosa partilha de amor materno
depende totalmente da única mediação de Cristo
e dela retira toda a sua força.
Na Virgem Maria refugiam-se os fiéis
em suas angústias e perigos,
invocando-a como mãe de misericórdia
e provedora da graça.

São Bernardo

Já vos destes conta, se não me engano, de que a Virgem é a estrada real que o Salvador percorre para chegar até nós. Sai do seu seio qual esposo de sua alcova. Tratemos agora, caríssimos, de seguir o mesmo caminho ascendente até chegarmos àquele que por Maria até nós desceu. Alcancemos pela Virgem a graça daquele que pela Virgem acudiu à nossa miséria.

Leva-nos a teu Filho, ditosa e agraciada mãe da vida e mãe da salvação. Por ti nos acolha quem por ti se entregou a nós. A tua integridade desculpe em sua presença a culpa da nossa corrupção. E tua humildade, tão prezada por Deus, obtenha o perdão da nossa vaidade. Que a tua inestimável caridade sepulte o número incontável dos nossos pecados, e tua fecundidade gloriosa nos alcance a fecundidade das boas obras.

Senhora mediadora e advogada nossa, reconcilia-nos com o teu Filho. Pela graça que recebeste, pelo privilégio que mereceste e pela misericórdia que deste à luz, consigamos que aquele que por ti se dignou participar da nossa debilidade e miséria partilhe conosco, por tua intercessão, a sua glória e felicidade. Cristo Jesus, Senhor nosso, que é bendito sobre todas as coisas e para sempre[17].

---

17. *Sermão II no Advento do Senhor*, 5, em *Obras completas de S. Bernardo* III, BAC, Madri, 1985, 77.

Basílio de Selêucia

"Ó Santíssima Virgem, quem te atribui o que há de mais venerável e glorioso certamente não falta à verdade, mas fica muito aquém da dignidade! Ai, pobre de mim! Dirige para nós, lá do céu, um olhar propício! Guia-nos agora na paz e, depois, conduz-nos, sem que fiquemos confusos, à presença do trono do Juiz; faz com que mereçamos um lugar à sua direita, a fim de sermos arrebatados ao céu e chegarmos a ser, em companhia dos anjos, cantores da incriada e substancial Trindade, conhecida e glorificada no Pai, no Filho e no Espírito Santo, agora e sempre e por todos os séculos dos séculos. Amém."[18]

Prece à Medianeira da graça

*Por meio de tuas mãos, vêm-nos as graças,
como carícias do teu coração*

A ti recorremos,
Mãe nossa, *Medianeira da graça*,
porque sabemos que apresentas a Deus
nossas carências e lutas.
Intercedes por nós.
Suplicas com nossos clamores.
Ampara-nos em nosso caminho.
Apresenta-nos ao Senhor.

Obrigado, ó Mãe,
por tua mediação maternal,
porque nos encaminhas para Cristo, o único Mediador.

Recorremos a ti,
que no céu
és Mãe de Deus, para tudo conseguir,
e nossa mãe, para tudo nos conceder.
Por isso, contigo
temos a garantia do triunfo no combate. Amém.

---

18. Homilia sobre a Mãe de Deus, em *Textos marianos dos primeiros séculos*, 163-164.

Nossa Senhora, fonte da salvação

❧ ❧ ❧

1: Ez 47,1-2.8-9.12
Salmo: Is 12,2-6
Jo 19,25-37
2: Ct 4,6-7.9.12-15
Salmo: Jt 13,18-19
Jo 7,37-39a

Oração

Senhor, Pai santo,
ao celebrar felizes a memória
da bem-aventurada Virgem Maria,
por quem nos abristes a fonte da salvação,
Jesus Cristo, vosso Filho, nós vos rogamos que,
bebendo constantemente desta fonte de vida,
possamos produzir os frutos abundantes
do Espírito Santo.
Por nosso Senhor Jesus Cristo...

Prefácio

A BEM-AVENTURADA VIRGEM GEROU JESUS CRISTO,
FONTE DE ÁGUA VIVA

Na verdade é justo e necessário,
é nosso dever e salvação
dar-vos graças,
Pai santo,
sempre e em todo o lugar,
e proclamar vossa grandeza
nesta celebração da gloriosa Virgem Maria.
Ela, coberta pela sombra

do Espírito Santo,
concebeu de modo inefável
a vossa Palavra encarnada,
Jesus Cristo, fonte de água viva,
na qual os homens matam a sede de comunhão
e de amor.
Também a Igreja oferece a todos os fiéis
a fonte sagrada da salvação
que jorra de Cristo,
fonte por ela conservada fecunda e pura
nos sacramentos,
a fim de que os que dela bebem
se tornem plenos do Espírito
e encontrem o Salvador.

São Sofrônio

Ave, cheia de graça, o Senhor é contigo. O que pode haver de mais sublime do que esta alegria, ó Virgem Mãe? O que pode haver de mais excelente do que esta graça que só a ti foi concedida por Deus? O que pode imaginar-se de mais esplêndido do que esta graça?

Nada se pode comparar com a maravilha que em ti se contempla, nada há que iguale a graça que possuis; todo o resto, por excelente que seja, ocupa um plano secundário e goza de brilho completamente inferior.

O Senhor é contigo. Quem ousará competir contigo? Deus nasceu de ti. Haverá alguém que não se reconheça inferior a ti? Quem não te conceda alegremente a primazia e a superioridade? Por isso, ao contemplar tuas eminentes prerrogativas, que superam as de todas as criaturas, eu te aclamo com todo o entusiasmo: *Ave, cheia de graça, o Senhor é contigo!* Por meio de ti foi concedida a alegria não somente aos homens, mas também aos anjos do céu.

Verdadeiramente *bendita és tu entre as mulheres*, porque transformaste em bênção a maldição de Eva; porque fizeste com que Adão, outrora ferido pela abominação divina, fosse abençoado.

Verdadeiramente bendita és tu entre as mulheres, porque por meio de ti brilhou sobre os homens a bênção do Pai, libertando-os da antiga maldição.

Verdadeiramente bendita és tu entre as mulheres, porque por ti alcançam a salvação os teus progenitores; de fato, darás à luz o Salvador que lhes obterá a salvação divina.

Verdadeiramente bendita és tu entre as mulheres porque, permanecendo Virgem, produziste aquele fruto que derrama a bênção sobre toda a terra e a liberta da maldição dos espinhos.

Verdadeiramente bendita és tu entre as mulheres, porque, embora sendo mulher por condição natural, virás a ser verdadeira Mãe de Deus. Com efeito, aquele que vai nascer de ti é com toda a verdade Deus encarnado, e tu és chamada com pleno direito Mãe de Deus, pois que é realmente Deus que dás à luz.

Tu tens, na verdade, dentro do claustro do teu seio, o próprio Deus. Ele habita em ti segundo a natureza humana e de ti sai *como esposo do seu tálamo*, trazendo a todos a alegria e derramando sobre todos a luz divina.

Em ti, de fato, ó Virgem, como em céu puríssimo e resplandecente, colocou o seu tabernáculo; de ti *sairá como esposo do seu tálamo e percorrerá como atleta o caminho da sua vida*, que há de trazer a salvação para todos os viventes; e, correndo de um extremo ao outro do céu, tudo ficará pleno de calor divino e de luz vivificante[19].

Salmo à que é "fonte"

Quando te acercares da fonte, sorve às golfadas a água da vida

Por que será, ó Mãe,
que te comparo a uma fonte?...
Não seria porque tua vida inteira
foi e é "uma fonte viva"
que recolhe a água da graça
e a "deixa correr" para fertilizar?...

Salve, *Virgem da fonte*.
Salve, Virgem da graça.

---

19. Sermão 2 na Anunciação da Santíssima Virgem, em *Liturgia das Horas* III, Ofício das leituras do comum de Nossa Senhora, 1465-1466.

Salve, Virgem da "água de Deus".
Salve, ó Mãe, por tua receptividade
àquele que é *fonte de água viva*.
Salve, ó Mãe, por tua generosidade
em nos dar esta água viva que é Jesus.
Salve, santa Maria,
por tua "função de canal" e Mediadora
entre Deus e os homens. Amém.

Nossa Senhora, Mãe e mestra espiritual

✥ ✥ ✥

Pr 8,17-21.34-35 ou Is 56,1.6-7
Sl 14
Mt 12,46-50 ou Jo 19,25-27

Oração

Senhor, nós vos suplicamos
que a poderosa intercessão da Virgem Maria
nos ajude e faça chegar
ao monte da salvação que é Cristo.
Que convosco vive e reina...

Prefácio

A VIRGEM MARIA, MÃE E MESTRA, QUE ESTIMULA
SEUS FILHOS COM AMOR E OS INSTRUI COM SEU EXEMPLO

Na verdade é justo e necessário,
é nosso dever e salvação
dar-vos graças
sempre e em todo o lugar,
Senhor, Pai santo,
Deus eterno e todo-poderoso,
e louvar, bendizer e proclamar a vossa glória
na memória da santíssima Virgem Maria sempre Virgem.
Intimamente associada ao mistério de Cristo,
ela não cessa de gerar, com a Igreja,
novos filhos, que estimula com amor
e atrai com seu exemplo,
para conduzir-nos à caridade perfeita.
Ela é modelo de vida evangélica,
dela nós aprendemos:

com sua inspiração, ensina-nos
a vos amar sobre todas as coisas,
convida-nos com seus exemplos
a contemplar vossa Palavra,
e nos move com seu coração
a servir nossos irmãos.

Paulo VI

Exemplo para toda a Igreja no exercício do culto divino, Maria é também, evidentemente, mestra da vida espiritual para cada um dos cristãos. Assim, bem cedo os fiéis começaram a olhar para Maria, a fim de, como ela, fazerem da própria vida um culto a Deus, e do seu culto um compromisso vital. Já no século IV Santo Ambrósio, ao falar aos fiéis, lhes desejava que em cada um deles houvesse a alma de Maria, para glorificarem a Deus: "Que em cada um de vós haja a alma de Maria para bendizer o Senhor; e em cada um de vós esteja o seu espírito, para exultar em Deus!"

Mas Maria é, sobretudo, modelo daquele culto que consiste em fazer da própria vida uma oferenda a Deus: doutrina antiga e perene, que cada um de nós pode voltar a escutar se prestar atenção aos ensinamentos da Igreja, mas que poderá entrever também se der ouvidos à palavra da mesma Virgem Santíssima, quando ela, antecipando em si a estupenda oração dominical "seja feita a vossa vontade", respondeu ao mensageiro de Deus: "Eis a serva do Senhor! Faça-se em mim segundo a tua palavra". E o "sim" de Maria é para todos os cristãos lição e exemplo, para fazerem da obediência à vontade do Pai o caminho e o meio da própria santificação[20].

São Germano de Constantinopla

"Se não fosses a nossa guia, ninguém levaria vida espiritual e ninguém adoraria a Deus em espírito. De fato, o homem tornou-se espiritual quando tu, ó Mãe de Deus, foste feita morada do Espírito Santo.

---

20. PAULO VI, *Marialis cultus*, 21.

Caso contrário, ó Santíssima, ninguém estaria repleto do conhecimento de Deus; ninguém se salva, a não ser por ti, ó Mãe de Deus; ninguém se acha livre de perigos sem tua ajuda, ó Virgem Mãe; ninguém foi redimido sem a tua intervenção, ó Mãe de Deus; ninguém foi socorrido misericordiosamente, a não ser por intermédio de ti, que és Mãe de Deus."[21]

Prece à Mãe e mestra da vida espiritual

A vida espiritual consiste em seguir a Cristo como Maria, com todas as conseqüências

A ti recorremos,
Mãe e mestra da vida espiritual,
pois sabemos que sempre nos escutas.
E nos "agasalhas" em teu coração.
Conduze-nos à caridade perfeita.
A tudo viver à luz do amor de Cristo.
A sermos construtores de vida evangélica,
artífices da civilização da vida.

Convida-nos a contemplar a Palavra
para sermos testemunhas de Jesus vivo,
que quer fazer com que os homens
sejam livres e fortes no amor.
Como Mãe, alenta a nossa vida espiritual.
Como mestra, ensina-nos a servir.
Como amiga, não permitas que nos detenhamos
em nós mesmos,
mas leva-nos a crescer na dedicação. Amém.

---

21. *Homilia II sobre a dormição*, em *Textos marianos dos primeiros séculos*, 260.

Nossa Senhora, Mãe do Bom Conselho

🙢 🙢 🙢

Lc 9,1-3.5-6 ou Hb 1,12-14; 2,1-4
Salmo: Sl 14,22-27
Jo 2,1-11

Oração

Senhor, vós conheceis os pensamentos
dos homens,
como são inconstantes e incertos;
concedei-nos, por intercessão da bem-aventurada
Virgem Maria,
na qual vosso Filho se encarnou,
o espírito do vosso conselho,
que nos faça conhecer o que vos agrada
e nos dirija em nossos trabalhos.
Por nosso Senhor Jesus Cristo...

Prefácio

A BEM-AVENTURADA VIRGEM ADERIU INTIMAMENTE
AO CONSELHO DO AMOR DIVINO

Na verdade é justo e necessário,
é nosso dever e salvação
dar-vos graças
sempre e em todo o lugar,
Senhor, Pai santo,
Deus eterno e todo-poderoso.
Porque cumulastes a Santíssima Virgem Maria
com a plenitude de dons do Espírito Santo,
para que fosse digna Mãe e associada do Redentor.
Assim enriquecida,
sempre procurou vossa vontade

e fielmente a cumpriu;
proclamou alegremente a vossa grande misericórdia
e aderiu de coração ao vosso desígnio divino
de reconciliar todas as coisas em Cristo.

Paulo VI

A santidade exemplar da Virgem Santíssima estimula, realmente, os fiéis a levantarem "os olhos para Maria, que brilha como modelo de virtude sobre toda a comunidade dos eleitos". São virtudes sólidas e evangélicas: a fé e a dócil aceitação da Palavra de Deus; a obediência generosa; a humildade genuína; a caridade solícita; a sabedoria reflexiva; a piedade para com Deus, alegre no cumprimento dos deveres religiosos, reconhecida pelos dons recebidos, oferente no templo e orante na comunidade apostólica; a fortaleza no exílio e no sofrimento; a pobreza levada com dignidade e confiança em Deus; a solicitude vigilante para com o Filho, desde a humilhação do berço até a ignomínia da cruz; a delicadeza previdente; a pureza virginal; e, enfim, o forte e casto amor esponsal.

Destas virtudes da Mãe se poderão revestir também os filhos que, com firmes propósitos, souberem reparar nos seus exemplos, para depois reproduzi-los na própria vida[22].

Santo Ildefonso

Ouves que achaste graça diante de Deus, ordenam-te que não temas, confirmam-te na tua confiança, instruem-te no conhecimento dos milagres e levam-te à glória de um novo milagre nunca ouvido. Quanto à tua prole, é prevenida a tua pureza, tua virgindade é garantida pelo nome da prole: predizem-te que de ti há de nascer o Santo, que será chamado Filho de Deus, e és informada do poder que terá aquele que de ti nascer.

Perguntas sobre o modo de se realizar? Perguntas sobre a origem? Indagas sobre a razão deste fato? Sobre como se há de levar a cabo? Sobre a ordem em que se há de efetuar?

---

22. Paulo VI, *Marialis cultus*, 57.

Escuta o oráculo jamais ouvido, considera a obra extraordinária, atenta para o mistério desconhecido e o acontecimento nunca visto: *o Espírito Santo virá sobre ti e o poder do Altíssimo te cobrirá com sua sombra.* Toda a Trindade realizará invisivelmente em ti a concepção, mas só a pessoa do Filho de Deus, ao nascer corporalmente, tomará de ti a sua carne.

Por conseguinte, o que será concebido e de ti nascer, o que de ti sairá, o que de ti será gerado, o que deres à luz, será chamado Filho de Deus. Ele será grande, Deus das virtudes, rei dos séculos e criador de todas as coisas[23].

Prece à Mãe do Bom Conselho

Quando estávamos perdidos, teu "sim"
venceu a escuridão

Mãe do Bom Conselho,
tu sempre nos levas a Jesus,
nosso Redentor, nossa riqueza.
Aconselha-nos quando estivermos extraviados.
Aproxima-te quando o nevoeiro se adensar.
Faz-nos ver quando tudo estiver escuro.

Tu que és mulher, mãe, esposa,
irmã, amiga...
dá-nos o Bom Conselho
de caminhar segundo o coração de Cristo,
amando sem medida.
Mãe do Bom Conselho,
sempre oportuna,
Virgem prudente,
ensina-nos a viver
suspensos dos lábios do Senhor,
numa vida de fé esperançosa,
de caridade ardente,
amando sempre como nos aconselhas. Amém.

---

23. *A virgindade perpétua de Maria*, I, em *Santos padres espanhóis, I: Santo Ildefonso de Toledo*, 49-50.

Nossa Senhora, causa da nossa alegria

🙢 🙢 🙢
**Zc 2,14-17 ou Is 61,9-11
Salmo: Lc 1,46-54
Lc 1,39-47 ou 15,9-12**

Oração

Ó Deus, que vos dignastes encher o mundo de alegria
pela encarnação do vosso Filho,
concedei aos que veneramos sua Mãe,
causa da nossa alegria,
permanecer sempre
no caminho dos vossos mandamentos,
para que nossos corações se firmem
na verdadeira alegria.
Por nosso Senhor Jesus Cristo...

Prefácio

A VIDA DA VIRGEM, CAUSA DA NOSSA ALEGRIA

Na verdade é justo e necessário,
é nosso dever e salvação
dar-vos graças, Pai santo,
sempre e em todo o lugar,
e proclamar vossa grandeza
nesta memória da Virgem Maria,
vossa amada filha.
Seu feliz nascimento
anunciou a alegria a todo o mundo;
sua virginal maternidade
desvendou a luz da alegria,
sua vida humilde

ilumina toda a Igreja
e seu trânsito glorioso
levou para o céu,
onde nos espera, como irmã e mãe,
até que possamos alegrar-nos com ela,
contemplando-vos eternamente.

Grande cânon penitencial de Santo André de Creta

Mãe de Deus, concebeste sem semente,
no tempo, o Filho intemporal do Pai.
Estranho milagre: és Mãe de Deus
e permaneces Virgem.

Salve, trono de fogo,
salve, lâmpada da divina claridade,
salve, monte de santidade,
arca da vida,
tabernáculo de Deus.

Concebes e és Virgem,
permanece sempre virgem,
porque o Menino que nasce de ti
reforma as leis da natureza,
de acordo com a vontade de Deus.

Mãe de Deus, nós te exaltamos,
te bendizemos, te veneramos.
Deste à luz
alguém da Santíssima Trindade,
teu filho e teu Deus,
e abriste o céu na terra.

Mãe santíssima de Deus, salva-nos.
Contiveste aquele que nada pode conter.
Carregaste aquele que tudo carrega.
Amamentaste aquele que tudo alimenta,
Cristo, fonte da vida.

Mãe santíssima de Deus, salva-nos.
Povos todos, cantemos à Mãe de Deus,

trono altíssimo de sabedoria,
pois só ela pode ser chamada Virgem e Mãe
após ter dado à luz.
Santa Mãe de Deus, salva-nos.

Tu geraste a alegria,
concede-me o pesar do arrependimento
pelo qual um dia encontrarei, rainha minha,
a divina consolação.

Todas as gerações te exaltam,
ó Virgem, mediadora entre o céu e a terra;
em ti habitou corporalmente a plenitude da divindade.

Todas as gerações te proclamam
bem-aventurada, Virgem e Mãe
porque nos livrastes da maldição
ao dar à luz para nós o Senhor,
nossa alegria[24].

Ladainhas de Santa Maria da alegria

*A alegria irrompe no coração que ama
e se sente amado*

Santa Maria da alegria, da felicidade e da paz...
Santa Maria, "punhado de sorrisos"...
    "punhado de alegrias"...

Santa Maria das águas tranqüilas,
    do mar generoso,
    dos dias serenos e claros...

Santa Maria, repleta de alegria...
    profunda, autêntica, verdadeira...

Santa Maria de coração alegre
por seres "refúgio" e "posse" de Deus.

---

24. Santo André de Creta, *O grande cânon penitencial*, Fraternidade Monástica da Paz, Logroño, 1991, 42.48.56.85.89-90 e 99-100.

Santa Maria de alegria transbordante,
por teu "sim" vivido até o fim.

Santa Maria, alegre e "causa da nossa alegria"...,
roga por nós, que somos pecadores,
para que saibamos conservar a imensa alegria,
fruto do autêntico amor de Deus. Amém.

Nossa Senhora, amparo da fé

☙ ☙ ☙
Jt 13,14.17-20
Sl 26
Lc 11,27-28

Oração

Deus eterno e todo-poderoso,
que destes, na gloriosa Mãe do vosso Filho,
um amparo celestial
a todos os que a invocam,
concede-nos, por sua intercessão, fortaleza na fé,
firmeza na esperança e constância no amor.
Por nosso Senhor Jesus Cristo...

Prefácio

> SANTA MARIA, ESPERANÇA DOS FIÉIS E AMPARO DA FÉ

Na verdade é justo e necessário,
é nosso dever e salvação
dar-vos graças
sempre e em todo o lugar,
Senhor, Pai santo,
Deus eterno e todo-poderoso,
por todas as grandes maravilhas de amor
e graça
que vossa misericórdia realizou
na Virgem, Mãe do vosso Filho.
Concebida sem pecado,
ela não foi contaminada
pela corrupção do sepulcro;

pois, sendo intacta em sua virgindade,
foi constituída tálamo precioso
do qual saiu Cristo,
luz dos povos e esposo da Igreja:
gloriosa em sua descendência,
ela é esperança dos fiéis
e amparo da nossa fé.

João Paulo II

Ó Virgem Santíssima, Mãe de Deus, Mãe de Cristo, Mãe da Igreja, olha por nós nesta hora! Virgem fiel, roga por nós! Ensina-nos a crer como tu creste! Faz com que nossa fé em Deus, em Cristo, na Igreja, seja sempre límpida, corajosa, firme, generosa.

Mãe merecedora de amor! Mãe do amor formoso, roga por nós! Ensina-nos a amar a Deus e nossos irmãos como tu os amaste: faz com que nosso amor pelos outros seja sempre paciente, benigno, respeitoso.

Causa da nossa alegria, roga por nós! Ensina-nos a saber aceitar, na fé, o paradoxo da alegria cristã, que nasce e floresce da dor e da renúncia, da união com teu Filho crucificado; faz com que nossa alegria seja sempre autêntica e total para podermos comunicá-la a todos. Amém[25].

Grande cânon penitencial de Santo André de Creta

O Criador dos séculos encarnou-se em ti,
Virgem imaculada, Mãe de Deus,
para unir-se intimamente
à natureza dos mortais.

Mãe de Deus, nós adoramos completamente
o fruto sobrenatural do teu seio
e a glória do teu Filho,
porque nele confessamos uma só pessoa
em duas naturezas.

---

25. Homilia de 31 de maio de 1979.

O Emanuel revestiu-se de teu sangue
como de um manto de púrpura.
E por isso com toda a razão veneramos,
Virgem imaculada, a tua maternidade divina.

Afirmamos com plena certeza
que és mãe de Deus.
Por ti, Virgem imaculada,
conseguimos a salvação.
Por isso te celebramos com os coros angélicos.

Depois de uma concepção
sem causa humana,
sucedeu um parto inexplicável.
Por isso, todas as gerações
com razão te proclamam
Virgem e Mãe de Deus.

Mãe de Deus toda pura, defende a Igreja.
Ela reina em ti pela fé, em ti está sua força.
Por ti triunfa sobre as tentações,
vence o inimigo
e dirige com acerto os que lhe pertencem.

Depois de uma concepção
sem causa humana,
sucedeu um parto inexplicável.
Deus se encarna virginalmente
e reforma nossa natureza.
Por isso todas as gerações
com razão te proclamam
Esposa e Mãe de Deus[26].

Prece à Virgem, amparo da fé

*A fé consiste em caminhar à noite com a certeza
da luz do dia*

Mãe da fé,
Virgem sempre crente,

---

26. Santo André de Creta, *O grande cânon penitencial*, 64.75.96.99.101 e 108-109.

nós nos refugiamos em ti,
que és o nosso amparo.
Quando assoma a dúvida,
tu nos ajudas com tua fé.
Quando sobrevêm as feridas,
tu nos curas com tua confiança.
Nunca nos abandonas.
Nunca nos largas à intempérie.
Sempre acodes à nossa oração.
Em ti nos refugiamos,
já que és o amparo da nossa fé.
Sempre nos levas a Cristo.
Tuas mãos no-lo apresentam.
Teus olhos nos ensinam a fitá-lo.
Teus pés nos encaminham.
Contigo, tudo é clareza.
Sem ti, "algo" nos falta.
Ajuda-nos a crer. Amém.

Nossa Senhora, Mãe do belo amor

ঞ ঞ ঞ

Sr 24,17-22
Salmo: Ct 2,10-15
Lc 1,26-38

Oração

Interceda por nós, Senhor,
a gloriosa Virgem Maria,
que foi adornada com os dons do Espírito Santo
e vos agradou, gerando para nós
vosso Filho unigênito, o mais belo dos homens,
para que, aborrecendo a fealdade do pecado,
procuremos sem cessar a beleza da graça.
Por nosso Senhor Jesus Cristo...

Prefácio

TODA FORMOSA ÉS TU, MARIA

Na verdade é justo e necessário,
é nosso dever e salvação
dar-vos graças, Pai santo,
sempre e em todo o lugar,
e proclamar vossa grandeza
nesta comemoração
da Santíssima Virgem Maria.
Ela foi bela em sua concepção,
na qual, livre de toda a mancha do pecado,
resplandece adornada com a luz da graça;
bela no parto virginal,
pelo qual difundiu sobre o mundo
o resplendor da vossa glória,

Jesus Cristo, vosso Filho,
salvador e irmão de todos nós;
bela na paixão e morte do Filho,
adornada com a púrpura do seu sangue,
qual mansa cordeira que padeceu
com o cordeiro inocente,
recebendo um novo encargo de mãe;
bela na ressurreição de Cristo,
com quem reina gloriosa
após ter participado na sua vitória.

Santo Anselmo

Indubitavelmente, ó Jesus, Filho de Deus, e tu, Mãe Maria, também quereis e é de toda a justiça que tudo o que amais seja por nós amado; rogo-te pois, ó Filho extremoso, pela ternura com que amas a tua Mãe, já que a amas verdadeiramente e queres vê-la amada: faz que também eu a ame verdadeiramente. Ó Mãe bondosa, suplico-te pelo amor com que amas o teu Filho, assim como o amas verdadeiramente e queres que seja amado, concede-me que também eu o ame verdadeiramente. Peço-te que esta tua vontade se cumpra realmente. Por que não se haveria de efetuar, por causa dos meus pecados, o que, não obstante, está em vosso poder?

Amigo dos homens, que deles te compadeces, foste capaz de amar os teus ofensores até a morte; poderias recusar a quem te suplica o amor por ti e por tua Mãe?

Ó Mãe daquele que nos ama, a quem mereceste carregar em teu seio e alimentar em teu peito! Como não poderias ou recusarias conceder a quem te implora o amor por ele e por ti? Que meu espírito te venere como mereces, que meu coração te ame como é justo, que minha alma te ame como convém, que meu corpo te sirva como deve, que minha vida nisto se consuma, a fim de que todo o meu ser te cante por toda a eternidade.

Bendito seja o Senhor eternamente. Assim seja, assim seja[27].

---

27. *Oração a Santa Maria para excitar o amor a Deus e a sua Mãe*, em *Obras completas de Sto. Anselmo* II, BAC, Madri, 1953, 325.

Devocionário visigótico

Escuta, filha, e atende;
tu te fizeste filha do teu filho,
serva do teu menino,
mãe do teu criador,
portadora do excelso Salvador.
O rei enamorou-se
do esplendor da tua beleza
e dignou-se preparar para si
em teu solo
uma habitação puríssima.
Obtenha-nos daquele que,
cativado por teu desejo,
faz de ti sua mãe,
e derrame sobre nós a extraordinária doçura
do seu desejo,
a fim de que permaneçamos nesta vida
dedicados ao seu serviço,
e depois da morte
cheguemos sem enleio
à presença daquele que de ti nasceu[28].

Prece à Mãe do belo amor

*Toda a beleza da pessoa humana
está em sua capacidade de amar*

Ó Senhor nosso,
não há nada mais belo do que o amor.
O amor tem uma beleza extraordinária,
que só sabem discernir
os que sintonizam com o amor.

Mãe do belo amor,
ajuda-nos a viver a caridade
desculpando sem limites,

---

28. *Louvores a Nossa Senhora*, 94-95.

sempre acolhendo,
tudo suportando.
Tudo acabará.
O amor permanece.
O amor formoso
vive doando a própria vida,
como tu, Maria,
Mãe do belo amor,
que sempre rogas por nós. Amém.

Nossa Senhora, Mãe da santa esperança

ಊ ಊ ಊ
Si 24,9-12.19-22
Salmo: Lc 1,46-55
Jo 2,1-11

Oração

Senhor, vós quisestes que a Virgem Maria
brilhasse em vossa Igreja como sinal
de segura esperança;
concedei aos que sofrem do tédio na vida
encontrar nela alento e consolo,
e aos que desesperam da salvação,
fortaleza para recobrarem o ânimo.
Por nosso Senhor Jesus Cristo...

Prefácio

SANTA MARIA, MODELO DE ESPERANÇA SOBRENATURAL

Na verdade é justo e necessário,
é nosso dever e salvação
celebrar-vos com sublimes louvores,
Senhor, Pai santo,
que generosamente entregastes
ao mundo Jesus Cristo,
como autor da salvação,
e lhe destes outrossim Maria
como modelo sobrenatural de esperança.
Pois a vossa humilde serva
confiou plenamente em vós:
concebeu crendo e, esperando, alimentou
o Filho do homem anunciado pelos profetas;

e, inteiramente consagrada à obra da salvação, foi constituída mãe de todos os homens.

Ela própria, fruto excelso da redenção, também é irmã de todos os filhos de Adão, que, caminhando para a plenitude da libertação, fitam Maria como sinal de esperança segura e de consolo,
até que amanheça o dia glorioso do Senhor.

Beato Rafael Arnais

Maria! Quanta coisa nos diz este nome... Se eu soubesse escrever, não saberia acabar. Esta noite quero escrever-lhe duas palavras e expandir-me um pouco falando da Senhora.

É tão belo e consolador o carinho com a Virgem, que me dão pena os que não a conhecem, os que não lhe querem, nem que seja um pouquinho... E, sem embargo, querido irmão, onde encontrar um cristão que, por pecador que seja, não se recorde da Virgem Maria em algum passo da vida?

Todos nós trazemos algo que, depois de Deus, só Maria pode compreender e consolar... Este algo é uma pessoa, é carência humana, é carinho, é por vezes dor... É este algo que Deus deixou em nossas almas, e que as criaturas não podem preencher, para que assim recorramos a Maria...

Maria, que foi Esposa, que foi Mãe, que foi Mulher... Quem mais apto do que ela para compreender, para ajudar, para consolar, para fortalecer?... Quem melhor do que Maria, a Virgem Santíssima, para refúgio dos nossos pecados, das nossas misérias?

Quão bom e quão grande é Deus que nos oferece o coração de Maria como se fosse o seu! Como Deus conhece bem o coração do homem, pequeno e assustado! Como conhece tão bem a nossa miséria, a ponto de nos lançar esta ponte... que é Maria! Como faz bem as coisas o Senhor!

Ah, se soubéssemos amar a Virgem, se compreendêssemos o que ela significa para Jesus, todo o amor que podemos oferecer à Virgem!..., seríamos melhores, seríamos filhos prediletos de Jesus.

Não sei se vou lhe dizer a coisa certa. Que ela não me leve a mal e que Deus me perdoe, mas acredito que não se deve ter medo de amar demais a Virgem... Acredito que tudo o que oferecemos à Senhora Jesus o recebe ampliado... Acredito que, ao amar Maria, amamos a Deus, e nada se lhe subtrai, muito pelo contrário.

É coisa difícil de se explicar, de se compreender? Mas veja, como não amar a Deus, ao dar o nosso coração àquela a quem ele mais quer? Como não amar a Deus, sua infinita bondade que chega a escolher como intercessora entre si e os homens uma criatura como Maria, que é toda doçura, toda paz, que suaviza as amarguras do homem sobre a terra instilando uma nota de esperança no pecador, no aflito... Que é Mãe dos que choram. Que é estrela da noite do navegante. Que é... não sei... é a Virgem Maria?

Como não bendizer a Deus com todas as nossas forças, considerando sua grande misericórdia para com o homem, ao estabelecer entre o céu e a terra a Virgem Santíssima?

Como não amar a Deus, possuindo Maria!!!

Ah, meu irmão, é um abismo no qual a alma se perde... Não compreende. Só lhe resta um recurso para não enlouquecer... e é amar desmedidamente, viver arrebatado em amor a Maria, a Mãe de Deus, a Virgem Santíssima cheia de graça. A que nos ajuda na aflição cobrindo-nos com seu manto azul. A que nos ajuda na terra, para depois, no céu, entregar-nos a seu Filho Jesus Cristo. A que é bendita e exaltada por todos os coros das milícias celestes. A que... na Trapa sorri amorosamente quando chora algum fradinho.

O que mais lhe direi? Quem sou eu para cantar as belezas de Maria? Ninguém, bem sei. Mas não importa; quando lancei mão da pena, propus-me falar-lhe de Nossa Senhora; lembrar-lhe de que... — oh, pretensão!!! — Está no céu Maria, nossa Mãe...

Ah! Se eu tivesse as palavras e o coração de Davi, ao mesmo tempo que colocasse a minha fortaleza em Jesus, colocaria minhas debilidades em Maria... minha torre murada em Deus, minhas consolações em Maria (Sl 18,2-3)...

Você, que diz sempre: "tudo por Jesus", por que não acrescenta: "tudo por Jesus, e a Jesus por Maria"?

Sim, querido irmão, "só em Deus coloco a minha esperança", diz o grande rei Davi (Sl 17,3)... Ah! Se tivesse conhecido a Santíssima Virgem, teria acrescentado: "E esta esperança é Maria". Não é mesmo?

Não estranhe, pois, que eu lhe tenha muita devoção e quisera que todo o mundo a tivesse...

Tudo seria tão fácil se recorrêssemos sempre a Nossa Senhora![29]

Prece à Mãe da santa esperança

Esperar é crer para mim, como Maria, que Deus cumpre suas promessas

Mãe da santa esperança,
roga por nós,
agora e sempre.

Mantém firme a nossa esperança
quando desfalecemos,
quando nos cansamos e nos esgotamos
nos caminhos poeirentos
da existência.

Santa Maria da esperança,
mulher de fé firme,
caminhando para a plena libertação,
acompanha nossos passos.
Tu és o nosso consolo,
nossa "vida e doçura".

Obrigado, mulher esperançosa,
por cuidares dos teus filhos
peregrinos nos vales deste mundo,
que de ti se valem
qual esperança segura e infalível. Amém.

---

29. Carta a seu tio Leopoldo, em HERMANO RAFAEL, *Obras completas*, Monte Carmelo, Burgos, 1993', 693-699.

Nossa Senhora, Mãe e Rainha da unidade

ಆ ಆ ಆ

Sf 3,14-20 ou 1Tm 2,5-8
Salmo: Jr 31,10-14
Jo 11,45-52 ou Jo 17,20-26

Oração

Senhor, Pai santo,
fonte da unidade e origem da concórdia,
concedei que todos os povos,
por intercessão da Virgem Maria,
mãe dos homens,
nos reunamos num mesmo povo
da nova aliança.
Por nosso Senhor Jesus Cristo...

Prefácio

A FUNÇÃO DA VIRGEM MARIA NA UNIDADE DA IGREJA

Na verdade é justo e necessário,
é nosso dever e salvação
dar-vos graças
sempre e em todo o lugar,
Senhor, Pai santo,
Deus eterno e todo-poderoso,
por Cristo Nosso Senhor.
Pois ele, autor da integridade da fé
e amante da unidade,
escolheu para si Mãe incorrupta de alma
e corpo
e quis como esposa a Igreja una e indivisa.
Elevado da terra

em presença da Virgem Mãe,
congregou na unidade os vossos filhos dispersos,
unindo-os a si com os vínculos do amor.
Voltado para vós e sentado à vossa direita,
enviou sobre a Virgem Maria,
orante com os apóstolos,
o Espírito de concórdia e da unidade,
da paz e do perdão.

Paulo VI

Ó Maria Santíssima imaculada, criatura predileta, filha de Deus Pai todo-poderoso, elevado ao cume dos seus desígnios de misericórdia para com a humanidade inteira!

És a humilde e admirável Mãe de nosso Senhor Jesus Cristo e, por isso, Mãe de Deus, isto é, Mãe do Verbo encarnado, Filho de Deus e Filho do homem, nosso Salvador. Esposa puríssima do amor inefável, o Espírito Santo, princípio misterioso da encarnação efetuada em teu seio inviolado.

Acolhe, ó Maria, este nosso ato de renovada e unânime devoção com o qual queremos reconhecer e celebrar a eleição que Deus fez de ti, única e bendita entre todas as mulheres, atribuindo-te um posto excelso e providencial no plano redentor da humanidade.

Em ti, Virgem puríssima, fez resplandecer o ideal transcendental da beleza humana sem mancha, constituindo-te espelho exemplar da livre obediência à vontade divina, exemplo incomparável e acessível de fé, de esperança, de caridade, modelo para nós de silenciosa contemplação dos desígnios divinos e também de solícita e atenta comunhão com as sofridas vicissitudes humanas...

A ti, manancial da vida, confiamos as esperanças dos jovens inquietos à procura de um mundo mais justo e mais humano e te pedimos confiadamente que orientes os seus passos para Cristo, primogênito da humanidade renovada, para que, sob a luz que dele irradia, seus esforços se harmonizem e suas esperanças se cumpram.

Rainha de misericórdia, ouve o gemido dos que sofrem, o grito dos oprimidos, a oração dos que sentem fome e sede de justiça, e faça com que sua dor se acabe, seu direito seja acatado e seu anseio de verdadeira liberdade, satisfeito.

Santa custódia da Palavra eterna, Mãe dos homens, adianta a hora da união total entre todos os que confessam a Cristo único Salvador e Mediador; Serva do Senhor e Filha de Sião, dirige os olhos para o teu povo, nascido da fé de Abraão; arca da nova aliança, intercede por todos os que, resgatados por Cristo, ainda não conhecem a luz do Evangelho.

Mãe do Ressuscitado e Mãe dos renascidos, concede a teus filhos o espírito das bem-aventuranças, a sabedoria da cruz, até que, vencida a morte, desponte a aurora radiante em que a esperança cristã se converta em posse eterna[30].

Prece a Santa Maria, Mãe e rainha da unidade

*Ó Mãe, reúne os teus filhos dispersos
tão carentes de união*

Mãe da união,
faz com que a Igreja
volte a ser una em cenáculo,
como quer o Senhor.
Divididos, somos um antitestemunho
para o mundo,
ao qual custa crer.
Onde foi que deixamos o "que todos sejam um"?
Separados, fazemos em pedaços
o corpo de Cristo.
Separados, nossa vida
a ninguém ilumina;
dilaceramos o coração de Cristo.

Santa Maria da unidade,
cessem as divisões,
fruto dos nossos pecados.
Concorre para que a Igreja

---

30. Oração a Maria Imaculada (8 de dezembro de 1975).

seja um recinto de unidade,
onde os homens se encontrem com Cristo
e se construa um mundo unido,
onde os corações se unam
no mesmo Cristo
que é sempre uno. Amém.

Nossa Senhora, Rainha e Mãe de misericórdia

🙢 🙢 🙢

1: Est 4,17
Salmo: Lc 1,46-55
Jo 2,1-11
2: Ef 2,4-10
Sl 102
Lc 1,39-55

Oração

Deus, cuja misericórdia é sem limites,
concedei-nos, por intercessão da Virgem Maria,
Mãe de misericórdia,
experimentar a vossa bondade na terra,
para alcançarmos vossa glória no céu.
Por nosso Senhor Jesus Cristo...

Prefácio

> A BEM-AVENTURADA VIRGEM MARIA, RAINHA DE PIEDADE, MÃE DE MISERICÓRDIA

Na verdade é justo e necessário,
é nosso dever e salvação
dar-vos graças, Pai santo,
sempre e em todo o lugar,
e proclamar vossa grandeza
nesta memória da bem-aventurada
Virgem Maria.
Ela é a Rainha clemente
que, tendo experimentado a vossa misericórdia
de modo único e privilegiado,

acolhe a todos os que nela se refugiam
e os ouve quando a invocam.
Ela é Mãe da misericórdia,
sempre atenta às preces de seus filhos,
para impetrar-lhes o perdão dos pecados.
Ela é a doadora do amor divino,
a que roga sem cessar a vosso Filho
por nós,
para que sua graça enriqueça a nossa pobreza
e seu poder fortaleça a nossa debilidade.

São Bernardo

Hoje sobe ao céu a Virgem cheia de glória, e enche de alegria os cidadãos celestes. A mesma que, com sua saudação, fez saltar de felicidade os que viviam nas entranhas maternas. Se uma criança se emocionou ao som da voz de Maria antes de nascer, qual não será o regozijo dos moradores do céu ao ouvir sua voz, ver seu rosto e gozar da sua inefável presença?

E nós, por que celebramos sua assunção com tanta solenidade e mostras de gozo e alegria? Porque Maria é o sol do mundo inteiro, e a pátria celeste refulge com os vivos resplendores desta tocha virginal. Esqueçamos os lamentos, nossa pátria definitiva não é aqui. Transportemo-nos para aquela pátria em que hoje está Maria. E, como seus autênticos cidadãos, temos pleno direito de lembrá-la, partilhar de sua alegria e participar de suas festas, apesar de estarmos vivendo no desterro.

E de modo especial nesta festa, transbordante de alegria da cidade de Deus, e que é para nós como um chuvisco que embebe a terra. A nossa Rainha nos precedeu. Sim, antecipou-se a nós e foi recebida com tais honras, que seus humildes servos a seguem cheios de confiança, gritando: *Leva-nos contigo! Corremos ao odor de teus perfumes*. Nós, peregrinos, enviamos à nossa frente nossa advogada; é a Mãe do Juiz e Mãe da misericórdia. Com humilde eficácia negociará a nossa salvação.

Que carinho celestial envia hoje ao céu a nossa terra! Com este maravilhoso gesto de amizade — que é dar e receber — fundem-se o humano e o divino, o terreno e o celeste, o humilde e o sublime. O fruto mais ilustre da terra está ali, de onde procedem as melhores prendas e os dons de maior valor. Elevada às alturas, a Virgem santa prodigalizará seus dons aos homens.

E como não o faria? Ela o pode e quer. É Rainha do céu, é misericordiosa. E, sobretudo, é a Mãe do Filho único de Deus. Isto nos convence de que seu poder e ternura não têm limites; e nós poríamos em dúvida a honra que o Filho de Deus tributa a sua Mãe? Não ficaram impregnadas de amor as entranhas de Maria, ao repousar nelas corporalmente, durante nove meses, Deus, que é o amor?[31]

João Paulo II

Confiemos a Maria, Mãe de Deus e Mãe de misericórdia, nossas pessoas, os sofrimentos e alegrias da nossa existência, a vida moral dos crentes e dos homens de boa vontade.

Maria é Mãe de misericórdia, porque Jesus Cristo, seu Filho, foi mandado pelo Pai como Revelação da misericórdia de Deus. Ele não veio para condenar, mas para perdoar, para usar de misericórdia.

Maria é Mãe de misericórdia também, porque a ela Jesus confia a sua Igreja e a humanidade inteira. Aos pés da Cruz, quando aceita João como filho, quando pede ao Pai, juntamente com Cristo, o perdão para aqueles que não sabem o que fazem, Maria, em perfeita docilidade ao Espírito, experimenta a riqueza e a universalidade do amor de Deus, que lhe dilata o coração e a torna capaz de abraçar todo o gênero humano. Deste modo, é feita Mãe de todos e cada um de nós, Mãe que nos alcança a misericórdia divina[32].

Prece a Santa Maria, Rainha e Mãe de misericórdia

Ter misericórdia é identificar-se com Jesus e Maria
Mãe de misericórdia,
mulher compreensiva,

---

31. *Na Assunção de Santa Maria*, sermão I, 1-2, em *Obras completas de S. Bernardo* IV, 337-339.
32. João Paulo II, *Veritatis splendor*, 118 e 120.

que entregas o teu coração
a toda a humanidade.
Olha com esses teus olhos de misericórdia
nossa pobre terra,
cheia de tantas misérias,
com tantas violências.
Ó Mãe de misericórdia,
abre ainda mais os teus olhos
e escuta nossos gritos dentro da noite.
Contigo podemos caminhar,
sentindo a presença do Deus do amor,
tão ilimitadamente bom de coração.

Santa Mãe de misericórdia,
quando todos nos maltratam,
ajuda-nos a ser tratados com delicadeza,
para seguirmos crendo no amor. Amém.

Nossa Senhora, Mãe da divina providência

✤ ✤ ✤

Is, 66, 10-14
Sl 130
Jo 2,1-11

Oração

Ó Deus,
nós nos acolhemos confiantes à vossa providência,
que nunca falha,
e vos suplicamos,
por intercessão da Virgem Maria,
Mãe do vosso filho,
que aparteis de nós todo o mal
e nos concedais os benefícios
que nos podem ajudar
na vida presente e na futura.
Por nosso Senhor Jesus Cristo...

Prefácio

A SANTÍSSIMA VIRGEM, DISPENSADORA DE GRAÇA
E MÃE PROVIDENTE

Na verdade é justo e necessário,
é nosso dever e salvação
dar-vos graças
sempre e em todo o lugar,
Senhor, Pai santo,
Deus eterno e todo-poderoso,
por Cristo, Senhor nosso.
Porque, em vosso desígnio providencial,
a bem-aventurada Virgem Maria

gerou o Salvador do mundo
por obra do Espírito Santo.
Em Caná da Galiléia intercedeu junto ao Filho
em favor dos esposos,
para que efetuasse o seu primeiro sinal:
a água tornou-se vinho, os convivas se alegraram,
e os discípulos acreditaram no Mestre.
Agora, entronizada como rainha
à direita de seu Filho,
atende às necessidades de toda a Igreja
e é, para cada um de nós,
confiados a ela por Jesus Cristo na cruz,
dispensadora de graça e mãe providente.

Santo Efrém

Ó Virgem e Senhora Mãe de Deus!...

Com certeza não cessas de olhar-nos como Mãe; mas, como és amorosa com teus filhos, sempre inclinada ao amor, nos distribuis os teus dons, salvando-nos, sempre nos defendendo...

Nós te agradecemos por eles, apregoamos teus favores, não fazemos segredo dos teus benefícios, cantamos em altas vozes as tuas maravilhas, louvamos tua solicitude, elogiamos tua providência; em hinos celebramos teu amparo, encarecemos tua misericórdia e, quanto ao passado, recordando as tuas imensas dádivas e os muitos perigos de que nos livrastes, oferecemos-te, como devido, este cântico de ação de graças, que de nenhum modo se equiparará aos teus benefícios.

Pois o que pode haver que a eles se compare?[33]

São Bernardo

Como poderia tremer a nossa fraqueza ao achegar-se a Maria? Nela nada há de severo, nada de ameaçador. É toda suavidade, a todos oferece alimento e abrigo.

---

33. *Maria nos padres da Igreja*, 248.

Repassa atentamente todo o evangelho e, se encontrares em Maria uma palavra de repreensão, uma palavra dura ou o menor gesto de indignação, será o caso de desconfiares dela e temeres sua aproximação.

Mas se, como te vai suceder, comprovares que todas as suas atitudes transpiram bondade e graça, mansidão e misericórdia, agradece à providência por ter-nos proporcionado em sua infinita bondade uma mediadora em que nada há que promove o temor.

Ela se fez toda para todos; em sua inesgotável caridade, fez-se devedora de todos, prudentes e insensatos.

A todos abre o seio da sua misericórdia, para que recebam sua plenitude: o cativo, a liberdade; o enfermo, a cura; o aflito, o consolo; o pecador, o perdão; o justo, a graça; o anjo, a alegria; enfim, a Trindade receba a glória, e o Filho, sua carne humana.

Nada há que escape ao seu calor[34].

Prece à Virgem Maria, Mãe da divina providência

*Confiar na providência é ter certeza
de que o Senhor cuida de nós*

Mãe da divina providência,
tu soubeste confiar no Senhor,
sabias que Deus cuidava de ti
e não te abandonaria um só instante.

Olhaste os lírios do campo
e te convenceste de que o Senhor
nos veste com a maior formosura.
Contemplaste os pássaros
e vivias na alegria
de que o Senhor cuida muito mais de nós.
Sempre confiaste na providência,
por estares certa de que Deus nunca nos abandona.
Ele sempre está junto de nós para ajudar,

---

[34]. *Sermão do domingo na oitava da Assunção*, 1-2, em *Obras completas de S. Bernardo* IV, 395-397.

para enviar-nos o "maná"
e cuidar de nossas pobres vidas.

Obrigado, Senhora, mãe da divina providência,
porque também és auxílio
nos momentos difíceis
e nos obténs de Deus
aquilo que nos convém. Amém.

Nossa Senhora, Mãe da consolação

🙠 🙠 🙠

Is 61,1-3.10-11 ou 2Cor 1,3-7
Salmo: Is 12,2-6
Mt 5,1-12 ou Jo 14,15-21.25-27

Oração

Ó Deus, que por meio de Nossa Senhora
enviaste a consolação ao vosso povo,
Jesus Cristo, nosso Senhor,
concedei-nos, por intercessão da Virgem,
sejamos repletos de toda a consolação
para podermos consolar nossos irmãos.
Por nosso Senhor Jesus Cristo...

Prefácio

A SANTÍSSIMA VIRGEM, CONSOLADA PELO SENHOR,
TORNA-SE CONSOLADORA DE TODOS OS HOMENS

Na verdade é justo e necessário
dar-vos graças
e oferecer-vos um hino de bênçãos e louvor,
Deus eterno e todo-poderoso,
por Cristo, nosso Senhor.
Ele, para ser o consolo do mundo,
foi concebido com prazer pela sempre
Virgem Maria,
que o gerou em suas puríssimas entranhas.
Ela, junto à cruz do Filho,
depois de suportar terríveis dores,
foi consolada por ti
com a esperança da ressurreição.

Estando em oração com os apóstolos,
pediu ardentemente e confiante esperou
o Espírito do consolo e da paz.
E agora, elevada ao céu,
consola com amor de mãe
todos os que a invocam com fé,
até que amanheça o dia glorioso do Senhor.

São João Damasceno

Quem é esta que sobe toda pura, surgindo como a aurora, formosa como a luz e escolhida como o sol? Oh, como és formosa e cheia de suavidade! Tu és a flor do campo e como um lírio entre os espinhos. Por isso amaram-te as donzelas e acorreram a ti, ao odor dos teus perfumes.

O rei te introduziu em sua câmara, onde os poderes te fazem escolta, os principados te bendizem, os tronos entoam cânticos em tua honra, os querubins se maravilham e os serafins proclamam teus louvores, já que, por disposição divina, foste constituída verdadeira Mãe do Senhor.

Tu não subiste ao céu como Elias, nem, como Paulo, foste transportada ao terceiro céu, mas chegaste até junto do trono real do teu Filho, a quem contemplas com teus próprios olhos e com quem habitas num clima de grande felicidade e confiança, sendo a alegria das potestades mais excelsas, o gozo pleno dos patriarcas, a inefável felicidade dos justos, a perene exultação dos profetas, a bênção do mundo, a santificação de todas as coisas, o repouso dos fatigados, o alívio dos aflitos, a cura dos enfermos, o refúgio para os que se encontram agitados pela tempestade, o perdão para os pecadores, o piedoso consolo dos atribulados e o pressuroso auxílio de todos os que te invocam[35].

São Germano de Constantinopla

Quem não se encherá de admiração em tua presença?

---

[35]. *Homilia da Assunção*, 11, em *Textos marianos dos primeiros séculos*, 281.

És firme proteção, refúgio seguro, intercessão vigilante, salvação perene, auxílio total, socorro imutável, sólida muralha, tesouro de delícias, paraíso irrepreensível, fortaleza inexpugnável, trincheira protegida, sólida torre de defesa, porto de refúgio na tempestade, sossego para quem está agitado, penhor de perdão para os pecadores, confiança dos desesperados, acolhida dos exilados, retorno dos desterrados, reconciliação dos inimigos, ajuda para quem foi condenado, bênção dos que sofrem uma maldição, orvalho para a aridez da alma, gota d'água para a erva murcha, pois, segundo está escrito, por teu meio nossos ossos florescerão como um prado[36].

Prece à Mãe da consolação

Se o Senhor não nos consola,
em vão tentarão os homens consolar-nos

Mãe da consolação,
roga por nós
que, às vezes, estamos tristes,
sem saber que rumo tomar.
Consola o nosso pobre coração,
nossa alma sedenta de luz e amor,
nossos pés feridos pelo caminho.
Enxuga as lágrimas de nossos olhos.

Virgem da consolação,
pedimos-te por toda a humanidade
que tantas vezes não sabe para onde ir,
que, como o cervo,
anda à procura de correntes de água viva
e só lhe proporcionam águas estagnadas.
Consola a nossa terra,
frustra os planos de guerras,
que desapareçam as contendas
entre irmãos.

Mãe da consolação,
concede-nos a consolação de Cristo,
que, embora sem se dar conta,
é o que anseia o nosso planeta. Amém.

---

36. *Homilia II sobre a dormição*, em *Textos marianos dos primeiros séculos*, 259-260.

Nossa Senhora, auxílio dos cristãos

☙ ☙ ☙

**Ap 12,1-3.7-12ab.17 ou Gn 3,1-6.13-15
Salmo: Jt 16,13.14.15
Jo 2,1-11**

Oração

Ó Deus, que constituístes a Mãe
do vosso amado Filho
mãe e auxiliadora do povo cristão,
concedei à vossa Igreja viver sob sua proteção
e alegrar-se com uma paz duradoura.
Por nosso Senhor Jesus Cristo...

Prefácio

A BEM-AVENTURADA VIRGEM MARIA, MÃE
E AUXILIADORA DO POVO CRISTÃO

Na verdade é justo e necessário,
é nosso dever e salvação
dar-vos graças
sempre e em todo o lugar,
Senhor, Pai santo,
Deus eterno e todo-poderoso,
por Cristo, Senhor nosso.
Pois constituístes
a Imaculada Virgem Maria,
Mãe do vosso Filho,
mãe e auxiliadora do povo cristão,
para que, sob sua proteçao,
participe corajosamente no combate da fé,
persevere com fidelidade

no ensino dos apóstolos,
e caminhe seguro entre as dificuldades do mundo
até chegar alegremente à Jerusalém celeste.

Santo Efrém

Virgem, Senhora, Mãe de Deus, que carregaste em teu seio Cristo, nosso Salvador e Senhor, em ti deposito toda a esperança, confio em ti, que és mais excelsa do que todas as hierarquias celestes. Defende-me com tua puríssima graça, governa a minha vida e indica-me a santa vontade do teu Filho e as veredas de nosso Senhor.

Alcança-me o perdão das minhas culpas. Sê meu refúgio, minha proteção, minha defesa, e leva-me pela mão até conduzir-me à vida eterna. Não me abandones, Senhora, no terrível momento da morte; antes, acode em meu auxílio e livra-me da cruel tirania do demônio, pois tens poder suficiente, porque tudo podes, por seres Mãe de Deus.

Digna-te aceitar, Santíssima e benigníssima Senhora, os preciosos dons, unicamente a ti devidos, que nós, teus indignos servos, te ofertamos, pois foste eleita como a mais sublime filha de todas as gerações do mundo. Por ti, de fato, conhecemos o Filho de Deus; por ti habitou entre nós o Senhor das virtudes e fomos, por ti, merecedores do seu corpo e do seu sangue.

Bem-aventurada és tu por todos os séculos dos séculos, gratíssima a Deus, mais resplandecente que os querubins e mais gloriosa que os serafins. E já que todos te bendizem, Mãe Santíssima de Deus, não cesses de interceder por nós, teus indignos servos, para que nos livremos de todas as ciladas do demônio e de todos os males e nos conservemos incólumes de qualquer assalto daquele que desfecha contra nós os seus dardos envenenados; guarda-nos sobretudo livres, até o fim, da condenação eterna, para que, sendo salvos por teu auxílio e proteção, sempre demos glória, louvor, ação de graças e adoração ao Deus uno e trino, Criador de todas as coisas.

Nobilíssima e benigníssima Senhora, Mãe do Deus bom, acolhe as súplicas de teu indigno servo e, com teus olhos de misericórdia, tuas entranhas de compaixão, desvia teus olhos dos meus muitos pecados; renova-me todo e faz de mim templo do santo, vivificante e principal

Espírito, virtude do Altíssimo, que habitou em ti e fecundou o teu seio imaculado.

Tu és a auxiliadora dos aflitos, protetora dos atribulados moribundos, salvação dos náufragos, refúgio nas tempestades, amparo e proteção de todos os que sofrem.

Concede a este teu servo o dom da contrição, a retidão de pensamento, a serenidade de juízo, a sobriedade, a temperança, a humildade de espírito, pendor para a santidade, satisfação na parcimônia; sejam seus costumes respeitosos e santos; irradiem modéstia e candura da alma, e a paz que nosso Senhor legou a seus próprios discípulos.

Chegue a minha oração ao teu santo templo e ao tabernáculo da tua glória. Brotem dos meus olhos fontes de lágrimas, e limpa-me com meu pranto, purificando o meu espírito. Apaga minhas culpas, dissipa minha tristeza, a névoa dos meus pensamentos, a perturbação e tormenta dos meus apetites.

Afasta de mim o seu torvelinho e conserva-me sereno e alegre; dilata o meu coração com largueza espiritual, regozija-me e enche-me de gozo; concede-me a inefável alegria, o gozo constante, para que trilhe com exatidão os caminhos dos divinos mandamentos e atue com a consciência irrepreensível, sem ofender ninguém.

Concede o dom da oração a quem te suplica, para que medite assiduamente noite e dia, devota e atentamente as palavras da sagrada Escritura e reze com alegria pela glória, honra e magnificência do teu Filho unigênito e Senhor nosso, Jesus Cristo, a quem se deve toda a glória, honra e adoração, agora e sempre e por todos os séculos dos séculos. Amém[37].

Prece à que é auxílio dos cristãos

Quando a noite cai, não me deixes
sem tua presença

Mãe, auxílio dos cristãos,
a ti recorremos

---

37. *Oração à Santíssima Virgem*, em *Maria nos padres da Igreja*, 255-256.

carentes de tudo,
famintos e sedentos de amor.
Acerca-te como sempre
e auxilia-nos com tuas mãos virginais,
com teu coração aberto,
com teus pés descalços.
Acode, Mãe, vem depressa.
Sem ti, a vida é como
um filme sem cor.
Age, Mãe, como sempre agiste,
acercando-te de todos, para auxiliar,
para proteger, para ajudar...
aos que agonizam de solidão
e vivem e morrem tristes.
Acerca-te de todos e de cada um
e "convence-os" de que és
seu único auxílio. Amém.

Nossa Senhora das Mercês

🙵 🙵 🙵

Jt 15,8-10; 16,13-14
Salmo: Lc 1,46-55
Jo 19,25-27

Oração

Ó Pai misericordioso,
que enviastes ao mundo o vosso Filho, Jesus Cristo,
Redentor dos homens,
com a maternal cooperação da Virgem Maria,
concedei a todos os que a invocam
sob o título das Mercês
viver na verdadeira liberdade de filhos
que Cristo nos mereceu com seu sacrifício
e promovê-la incansavelmente entre todos os homens.
Por nosso Senhor Jesus Cristo...

Prefácio

SANTA MARIA, MÃE DO REDENTOR
E ADMINISTRADORA DA REDENÇÃO

Na verdade é justo e necessário,
é nosso dever e salvação
dar-vos graças
sempre e em todo o lugar,
Senhor, Pai santo,
Deus eterno e todo-poderoso.
Com admirável e providente desígnio do vosso amor,
associastes a gloriosa Virgem Maria a Cristo, vosso Filho,
na obra da redenção humana,
com vínculo tão estreito

que foi sua Mãe amantíssima
em seu humilde nascimento.
Associada à sua paixão ao pé da cruz,
agora, é exaltada à cidade celeste,
advogada nossa
e dispensadora dos tesouros da redenção.
Por isso, sempre cuida com maternal afeto
dos irmãos do seu Filho
que jazem em perigo e na ansiedade,
para que, rompidas as cadeias de toda a opressão,
alcancem a plena liberdade do corpo e do espírito.

Santo Antônio Maria Claret

Ó Imaculada Virgem e Mãe de Deus, Rainha e Senhora da graça! Por caridade, dignai-vos lançar um olhar compassivo para este mundo perdido; reparai como todos abandonaram o caminho que vosso Filho santíssimo dignou-se ensinar-lhes; esqueceram suas santas leis e perverteram-se a tal ponto que se pode dizer: *Não há quem pratique o bem, não há nem um sequer.* Neles extinguiu-se a santa virtude da fé, de sorte que ela mal se encontra sobre a terra.

Ai! Apagada esta divina luz, tudo é escuridão e trevas, e eles não sabem onde vão cair e, não obstante, seguem com passo apressado pelo caminho largo que os leva à eterna perdição.

E consentis, minha Mãe, que eu, sendo irmão desses desgraçados, assista com indiferença a sua ruína fatal?

Ah, não! Nem o amor que tenho por Deus nem o amor ao próximo podem tolerá-lo; pois, como se dirá que tenho caridade ou amor por Deus se, vendo que meu irmão passa necessidade, não lhe acudo?

Como terei caridade sabendo que, num caminho, há ladrões e assassinos que roubam e matam todos os passantes e, apesar disso, não os alerto para que para lá não se dirijam?

Como terei caridade se, vendo que lobos carnívoros estão devorando as ovelhas do meu amo, fico calado?

Como terei caridade se emudeço ao ver que roubam as alfaias da casa do meu Pai, tão preciosas que custaram o sangue e a vida de um

Deus, e ao ver atearem fogo à casa e propriedade do meu pai amantíssimo?

Ah! Minha Mãe, não é possível calar em tais circunstâncias; não, não me calarei, embora saiba que me farão em pedaços; não quero calar; chamarei e gritarei, clamarei ao céu e à terra, a fim de que se destrua tão grande mal; não calarei; e se, de tanto gritar, a garganta se me enrouquecer, levantarei as mãos aos céus, e as pancadas que com os pés darei no chão suprirão a falta da língua.

Por isso, minha Mãe, desde já começo a falar e a gritar; já recorro a vós; sim, a vós que sois Mãe de misericórdia; dignai-vos prestar socorro a tão grande necessidade; não pretexteis impossibilidade, pois sei que, na ordem da graça, sois onipotente.

Ó Maria, mãe e esperança minha, consolo da minha alma! Lembrai-vos das muitas graças que vos tenho pedido e me foram todas concedidas; e precisamente agora acharei esgotado este manancial perene?

Não, nunca se ouviu nem jamais se ouvirá dizer que algum devoto vosso haja sido repelido por vós[38].

Prece a Nossa Senhora das Mercês

Só os que são livres podem levar a liberdade aos corações

Representam-te, ó Mãe, com grilhões entre as mãos.
Grilhões de cativos, de escravos, de inocentes...

Será verdade, ó Mãe,
que és "a mercê" dos "sem liberdade"?...
Será verdade, ó Mãe,
que esses grilhões significam:
— remissão de culpas,
— perdão de sentenças,
— liberdade de presos?...

---

[38]. *Oração a Maria Santíssima*, em SANTO ANTÔNIO MARIA CLARET, *Escritos espirituais*, BAC, Madri, 1985, 255-256.

Santa Maria "das cadeias",
vem libertar-nos logo, sem demora, "depressa"...,
dos nossos cativeiros,
dos nossos desânimos,
das nossas quedas,
das nossas inconstâncias,
das nossas culpas...

Vem, Mãe das Mercês,
precisamos de ti assim, carregando grilhões entre as mãos,
que tiraste, que arrancaste
de tantos cativos os próprios pecados e paixões.
Vem, Mãe, dar-nos liberdade.
Esta liberdade que nos faz livres, "sem cadeias",
mas "encadeados"
ao grande coração de Deus. Amém.

Nossa Senhora, saúde dos enfermos

🙐 🙐 🙐

Is 53,1-5.710
Sl 102
Lc 1,39-56

Oração

Senhor, concedei a nós,
vossos servos,
gozar sempre de saúde da alma e do corpo,
e por intercessão da sempre Virgem Maria,
libertai-nos das tristezas deste mundo
e fazei-nos alcançar as alegrias do céu.
Por nosso Senhor Jesus Cristo...

Prefácio

A BEM-AVENTURADA VIRGEM MARIA RESPLANDECE
COMO PENHOR DE SAÚDE PARA OS ENFERMOS

Na verdade é justo dar-vos graças
e nosso dever glorificar-vos, Pai santo.
Porque a Virgem Santíssima,
participando de modo admirável
no mistério da dor,
resplandece como sinal de salvação
e celestial esperança
para os enfermos que lhe invocam a proteção;
e a todos os que a contemplam
oferece o exemplo de conformidade com a vossa vontade
e da mais perfeita configuração com Cristo
que, pelo amor que nos tributava,
suportou nossas enfermidades
e sofreu nossas dores.

São João de Ávila

Muitas e muitas graças dão à divina bondade vossos filhos pequeninos, alegrando-se grandemente por vossa total santidade, que também podemos considerar nossa, já que sois nossa Mãe; e, em vista disso, celebramos o dia da vossa partida com alegria e prazer. Mas, apesar de tudo, não podemos deixar de sentir saudades e desamparo ao ver-nos tão cheios de necessidades, e nossa Mãe tão distante de nós.

Nós vos suplicamos, ó Virgem bendita, que de forma alguma nos deixeis no esquecimento; mas, já que podeis com Deus tudo o que quereis, ajudai-nos, pobres que aqui ficamos. E, assim como se escreve do vosso bendito Filho que *subindo ao alto distribuiu dons aos homens*, assim também vós, Senhora, já que com tal semelhança a ele na glória subis ao alto, nisto também assemelhai-vos a ele, pedindo-lhe bênçãos para nós que aqui ficamos; e sejam muitas, pois assim o exigem nossas necessidades, nas quais recorremos a vós como a Mãe amantíssima. Fazei, Senhora, que alcancemos o que pedimos a Deus; e, quando vos oferecemos algum obséquio, recebei-o de bom grado; daí-nos o que vos pedimos; não repareis no pouco de que dispomos, porque depois de Deus vós sois a única esperança dos pecadores, e por vós esperamos o perdão dos nossos pecados e o favor para todo o bem, e em vós está a esperança das recompensas que esperamos no céu.

Ó Mãe santa e santíssima! *Socorrei, Senhora, os miseráveis, confortai os fracos de coração, consolai os que choram, orai pelo povo, intercedei pelo devoto sexo feminino. Todos, Senhora, pequenos e grandes, que celebrarem vossa santíssima festividade*, e de vós se lembrarem e de coração vos chamaram, *sintam o vosso socorro e alívio*, alcançando o que vos pedirem.

Ó bendita, que encontraste a graça geradora da vida! Mãe da saúde, humildemente te suplicamos que por ti nos receba aquele que por ti nos foi dado. Perdoe diante dele tua santidade e integridade as culpas da nossa corrupção; a tua humildade, agradável a Deus, nos alcance o perdão da nossa soberba; tua generosa caridade cubra a multidão dos nossos pecados e tua gloriosa fecundidade nos torne merecedores. Senhora nossa, mediadora nossa, reconcilia-nos com teu bendito Filho, alcança-nos dele graça para que, ao deixarmos este mundo, nos leve para sua santíssima glória[39].

---

39. *Sermão 70: Assunção de Maria*, em *Obras completas do santo mestre João d'Ávila* III, BAC, Madri, 1970, 207-208.

João Paulo II

Ó Maria,
aurora do mundo novo,
Mãe dos viventes,
confiamo-vos a *causa da vida*:
olhai, Mãe, para o número sem fim de crianças
a quem é impedido nascer,
de pobres para quem se torna difícil viver,
de homens e mulheres vítimas
de inumana violência,
de idosos e doentes assassinados
pela indiferença
ou por uma pretensa compaixão.
Fazei com que todos aqueles que crêem no vosso Filho
saibam anunciar sem medo e com amor
aos homens do nosso tempo
o *Evangelho da vida*.
Alcançai-lhes a graça de o *acolher*
como um dom sempre novo,
a alegria de o *celebrar* com gratidão
em toda a sua existência
e a coragem para o *testemunhar*
com laboriosa tenacidade, para construir,
juntamente com todos os homens de boa vontade,
a civilização da verdade e do amor,
para louvor e glória de Deus Criador
e amante da vida[40].

Prece à saúde dos enfermos

Um homem enfermo é sempre um necessitado,
um pobre que temos de socorrer

Senhora, Mãe de todos os enfermos,
assiste aos que agonizam,
conforta os desenganados,

---

[40]. JOÃO PAULO II, *Evangelium vitae*. *O evangelho da vida*, São Paulo, Edições Loyola, 1995, 105.

ajuda quem se angustia
diante da enfermidade e da dor.
Ó boa Mãe,
achega-te a todos os hospitais do mundo,
beija a fronte dos enfermos,
dos que se sentem sós e desamparados.

Mãe, *Saúde dos enfermos*,
ajuda todos os que trabalham
no mundo dos enfermos.
Dá paciência
aos que estão a seu lado,
para serem compreensivos,
para terem um carinho sempre imenso
com os que sofrem.
Virgem Maria, Saúde dos enfermos,
roga por nossa humanidade sofredora,
e que os enfermos
se reconheçam tesouro da Igreja. Amém.

Nossa Senhora, Rainha da paz

Is 9,1-3.5-6
Sl 84
Lc 1,26-38

Oração

Ó Deus, que por vosso Filho unigênito
outorgais a paz aos homens,
concedei aos nossos dias,
por intercessão da sempre Virgem Maria,
a almejada tranqüilidade da paz,
a fim de que formemos uma só família na paz
e permaneçamos unidos no amor fraterno.
Por nosso Senhor Jesus Cristo...

Prefácio

MÃE DE CRISTO, DISCÍPULA E RAINHA DA PAZ

Na verdade é justo e necessário,
é nosso dever e salvação
dar-vos graças, Pai santo,
sempre e em todo o lugar,
e proclamar vossa grandeza
nesta memória da bem-aventurada
Virgem Maria.
Ela é a vossa humilde escrava
que, ao receber o anúncio do anjo Gabriel,
concebeu em seu seio virginal o Príncipe da Paz,
Jesus Cristo, vosso Filho e Senhor nosso.
É a mãe fiel
que, em pé, se manteve intrépida junto à cruz
na qual seu Filho, para nos salvar,
pacificou o universo com seu sangue.

É a discípula de Cristo, aluna da paz,
que, orando com os apóstolos,
esperou a promessa do Pai,
o Espírito da paz, da unidade,
da caridade e da alegria.

Mês mariano copta

Esposa pura, portadora da paz,
virgem e mãe do Verbo,
Maria, mãe de Deus,
roga por nós a Cristo,
para que nos conceda a sua misericórdia
e interceda em nosso favor.
Maria, mãe de Deus.

Ó Deus, que és o Deus da misericórdia,
ilumina-nos;
sejam-te gratos os pedidos desta esposa:
Maria, mãe de Deus.
Louvai-o, glorificai-o, povos crentes,
pois esta é a Virgem:
Maria, mãe de Deus.

Com tua misericórdia, Senhor,
guarda-nos e protege-nos
pela intercessão de Nossa Senhora:
Maria, mãe de Deus.

Bendito é o teu fruto, Maria,
porque geraste a Cristo.
Lembra-te dos crentes,
Maria, mãe de Deus.

Fica sempre conosco,
Maria, mãe de Deus.

Ó Senhor nosso,
Jesus Cristo, que és um da Trindade,

encarnaste na Virgem:
Maria, mãe de Deus.
Salvador universal, vida de cada homem,
permanece sempre conosco.
Por Maria, mãe de Deus.
Por ti fez-se corpo
o Deus dos nossos pais,
o Senhor dos nossos pais,
Maria, mãe de Deus.
E assim, nosso Senhor,
o Rei, Deus de todos os reinos
encarnou-se na rainha,
Maria, mãe de Deus.
Suplicamos-te, Deus nosso,
conceda-nos liberdade e salvação
pelas súplicas da mãe de Deus:
Maria, mãe de Deus.
Abençoa tua herança,
dá-nos salvação, paciência,
por intercessão da santa:
Maria, mãe de Deus.
A ele glorifique todo o homem
e toda a língua a ela glorifique,
braseiro de ouro,
vida dos cristãos,
honra das virgens,
ouro de escol e acrisolado:
Maria, mãe de Deus.
Maria, és realmente o auxílio
e a vida do homem.
Por isso, sem cessar te suplicamos:
Maria, mãe de Deus...[41]

---

41. *Louvores a Nossa Senhora*, 111-112.

Oração à rainha da paz

Paz para toda a humanidade; que cessem todas as ameaças

Mãe da paz,
considera o nosso mundo
repleto de mísseis, de arsenais de bombas,
de comércio de armas.
O nosso mundo está enfermo, Senhora,
e precisa de toneladas de paz,
para homens sem cessar tentados
de recorrer a balas e canhões.

Santa Maria da paz,
rogo-te pelos que morrem nas guerras,
pelos que jamais conheceram a paz,
pelas crianças que morrem de fome
e vivem sem perspectiva alguma.

Senhora da paz,
solta milhares de pombas brancas,
fazendo-as sobrevoar a face de todos os países do planeta.
Que as guerras sejam estudadas
como fatos que são fruto
da estupidez e intransigência dos homens.
Faz-nos compreender, ó Mãe,
que com a paz nada se perde
e que com a guerra
pode-se perder tudo. Amém.

Nossa Senhora, porta do céu

☙ ☙ ☙

Ap 21,1-5a
Sl 121
Mt 25,1-13

Oração

Ó Deus,
que benignamente fizeste do vosso Filho
porta de salvação e de vida,
concedei-nos, pela ação providente
da Virgem Maria,
que permaneçamos fiéis no amor de Cristo
e se nos abram as portas
da Jerusalém celeste.
Por nosso Senhor Jesus Cristo...

Prefácio

A SANTÍSSIMA VIRGEM MARIA ABRIU A PORTA
QUE EVA HAVIA FECHADO

Na verdade é justo e necessário,
é nosso dever e salvação
dar-vos graças, Pai santo,
sempre e em todo o lugar,
e proclamar vossas grandezas
nesta celebração em honra da Virgem Maria.
Ela é a Virgem Mãe,
representada pela porta oriental do templo;
por ela passou o Senhor,
só para ele foi aberta e permaneceu intacta.
É a Virgem humilde

que, por sua fé,
nos abriu a porta da vida eterna
que Eva fechara por sua incredulidade.
É a Virgem suplicante,
a interceder continuamente pelos pecadores,
para que se convertam ao seu Filho,
fonte perene de graça
e porta do perdão sempre aberta.

Santo Irineu

  Assim como Eva, tendo um esposo, Adão, mas permanecendo virgem..., foi por sua desobediência causa de morte para si mesma e para toda a raça humana, assim também Maria, desposada e, não obstante, virgem, converteu-se por sua obediência em causa de salvação tanto para si como para todo o gênero humano. E, por este motivo, à donzela desposada com um homem, embora ainda seja virgem, a lei chama esposa de quem a desposou, manifestando assim que a vida remonta de Maria a Eva.

  Já não se pode soltar o que foi atado sem que antes se desfaça em ordem inversa a série de nós, de sorte que os primeiros fiquem soltos graças aos últimos e os últimos soltem os primeiros... Da mesma forma sucedeu que o nó da desobediência de Eva foi desatado pela obediência de Maria. Porque o que Eva ligara fortemente com sua incredulidade, a Virgem Maria o desligou com sua fé[42].

Hino "Ave Maris Stella"

Salve, estrela do mar,
Mãe do Verbo de Deus,
Virgem entre as virgens pura,
feliz porta do céu.

Saudada pelo Arcanjo: "Ave, cheia de graça",
dá-nos a tua paz,
mudando o nome de Eva.

---

42. *Adv. Haer.*, III, 22, 4, em *Textos marianos dos primeiros séculos*, 28.

Abre do preso, a cadeia
dá aos cegos a visão,
afugenta a desgraça,
traz-nos todos os bens.
Mostra que és Mãe.
Ouça os nossos pedidos
aquele que por nós
quis chamar-se teu Filho.
Virgem incomparável,
mãe de misericórdia,
liberta-nos da culpa,
faz-nos mansos e castos.
Dá-nos a vida pura
e o seguro caminho
para que, vendo o teu Filho,
sempre nos alegremos.
Glória a Deus, Pai eterno,
glória ao Filho, Senhor,
com o Espírito Santo,
agora e para sempre. Amém[43].

Preces à Virgem Maria, porta do céu

*O céu é viver na ternura de Deus
para sempre*

Santa Maria, porta do céu,
que Eva nos fechou com sua incredulidade
e tu nos abriste por tua obediência à fé.
Sê sempre para nós
porta de esperança,
porta aberta à acolhida,
porta do céu.

Caminhamos nesta vida
e às vezes tantas portas se fecham...,

---

43. Cf. *Liturgia das horas* III (ed. port.) pp. 1571-1572.

as da saúde,
a porta do trabalho,
a porta da amizade...
Tu, Maria, escrava do Senhor,
nos abre portas e janelas
para chegarmos sem medo
a Cristo em nossa vida.
Para continuar semeando,
embora à custa de fadigas,
a alegria no coração de todos.

Santa Maria, *porta do céu*,
quando formos julgados sobre o amor,
ajuda-nos como sempre
a entrar no céu por ti,
que és sua porta. Amém.

2
‰ ‰ ‰

Missal Romano

NESTA celebração anual dos mistérios de Cristo, a Santa Igreja venera com especial amor a bem-aventurada Mãe de Deus, Maria, que, por um vínculo indissolúvel, está unida à obra salvífica de seu Filho; nela, a Igreja admira e exalta o mais excelente fruto da redenção e a contempla com alegria como puríssima imagem daquilo que ela mesma anseia e espera ser (SC 103).

Nossa Senhora, Mãe de Deus

1º DE JANEIRO, SOLENIDADE

❧ ❧ ❧

Nm 6,22-27
Sl 66
Gl 4,4-7
Lc 2,16-21

Oração

Ó Deus e Senhor nosso,
que pela maternidade virginal de Maria
destes aos homens
os bens da salvação,
concedei-nos experimentar a intercessão daquela
de quem recebemos o autor da vida,
vosso Filho, Jesus Cristo,
que convosco vive e reina...

Prefácio

A MATERNIDADE DE MARIA

É verdadeiramente justo e necessário,
é nosso dever e salvação
dar-vos graças
sempre e em todo o lugar,
Senhor, Pai santo,
Deus eterno e todo-poderoso,
e louvar, bendizer e proclamar a vossa glória
na solenidade de santa Maria, sempre virgem.
Porque ela concebeu vosso Filho único
por obra do Espírito Santo

e, sem perder a glória da sua virgindade,
deu ao mundo a luz eterna,
Jesus Cristo, Senhor nosso.

Beata Isabel da Trindade

Mãe do Verbo, confia-me o teu mistério,
confia-me como foi tua vida neste mundo,
desde a encarnação,
imersa em perene adoração.
Numa paz inefável
e em misterioso silêncio,
conheceste o Insondável,
levando em ti "o dom de Deus".
À sombra do divino abraço
guarda-me sempre, ó Mãe.
Que eu traga sempre o selo
deste Deus todo amor.
"Amo Christum"[1].

Basílio de Selêucia

Que nome poderei achar que te convenha, ó menino? O de homem? Mas a tua concepção é divina!

O de Deus? Mas, encarnando-te, assumiste a nossa natureza humana. Que farei por ti?

Alimentar-te-ei com meu leite ou te exaltarei como Deus? Cuidarei de ti como mãe ou te adorarei como serva? Abraçar-te-ei como filho ou te implorarei como Deus? Oferecer-te-ei o meu leite ou te apresentarei aromas? Que prodígio é este, tão inefável e sublime? Estás realmente presente entre os seres terrestres, mas certamente não te afastaste dos celestes.

A tua descida, não obstante, não foi troca de lugar, e sim divina condescendência.

---

1. *Natal (poesia 88)*, em ISABEL DA TRINDADE, *Obras completas*, Ed. de Espiritualidad, Madri, 1986, 379.

Eu canto hinos ao teu amor por nós, mas não perscruto a tua encarnação².

Liturgia siro-antioquena

Ó Maria, Virgem pura, gloriosa e fúlgida Mãe de Deus, que todas as famílias da terra felicitam neste dia. Estás repleta da santidade do Espírito Santo e mereces o louvor de todas as criaturas.

Suplica ao teu Filho unigênito, o Verbo que por ti se manifestou, que conceda à santa Igreja tranqüilidade e paz, colheitas fartas e bênçãos copiosas.

Faz com que nossas festas sejam ocasiões de alegria e regozijo, para que possamos sempre celebrar tua memória como convém. Nós elevaremos nossa exaltação e nossa gratidão a Cristo, nosso Deus, teu Senhor e teu Filho, que enaltece as tuas festas.

E bendizemos o seu Pai, e seu Espírito Santo, pelos séculos dos séculos³.

Prece a Nossa Senhora, Mãe de Deus

Mãe de Deus e nossa, a ti recorremos, na certeza de que escutarás nosso chamado

Santa Maria, Mãe de Deus,
a ti recorremos,
porque sabemos que és porto seguro
de refúgio na tempestade.
Toda a tua grandeza, ó Maria,
provém de tua maternidade divina.

Foste preparada, escolhida
com esmero para ser Mãe de Deus.
Não podia nascer com pecado original
a que daria à luz o Redentor do mundo.

---

2. *Homilia sobre a Mãe de Deus*, em *Textos marianos dos primeiros séculos*, 163.
3. *Festa dos parabéns à Mãe de Deus*, em *O ano litúrgico*, 323.

Foste sempre Virgem,
antes, durante e depois do parto,
pois concebestes por obra do Espírito Santo
para dar à luz o Deus feito homem.
Foste assumida ao céu em corpo e alma,
como primeira ressuscitada depois de Cristo,
pois o corpo que deu à luz o autor da vida
não podia sofrer
a corrupção do sepulcro.

Santa Maria, Mãe de Deus,
a ti recorremos,
porque sabemos que cuidas de nós. Amém.

Nossa Senhora de Lourdes

11 DE FEVEREIRO, MEMÓRIA FACULTATIVA

ॐ ॐ ॐ

Is 66,10-14c
Salmo: Jt 13,18-19
Jo 2,1-11

Oração

Deus de misericórdia,
remediai com o amparo do céu
o nosso desvalimento
a fim de que, aos celebrarmos
a memória da Imaculada Virgem Maria,
Mãe de Deus,
possamos, por sua intercessão,
ver-nos livres dos nossos pecados.
Por nosso Senhor Jesus Cristo...

Prefácio

MARIA, IMAGEM DA HUMANIDADE NOVA

Na verdade é justo dar-vos graças,
Pai santo,
fonte da vida e da alegria.
Porque nesta fase final da história
quisestes revelar-nos
o mistério escondido há séculos,
para que, assim, o mundo inteiro
torne à vida e recobre a esperança.
Em Cristo, novo Adão,
e em Maria, nova Eva,
revela-se o mistério da vossa Igreja,

como primícias da humanidade redimida.
Por este inefável dom,
a criação inteira
empreende novamente
sua caminhada para a Páscoa eterna
com a força do Espírito Santo.

Santo Afonso Maria de Ligório

Imaculada Senhora minha, eu me regozijo convosco ao ver tanta pureza. Dou e sempre darei graças ao nosso Criador por ter-vos preservado de toda a mancha de culpa e, para defender este grande e singular privilégio da vossa imaculada conceição, estou disposto e juro dar a vida, se for preciso.

Eu quisera que todo o mundo vos conhecesse e aclamasse como formosa *aurora* de luz divina; como arca escolhida de salvação, preservada do naufrágio do pecado; como pomba *perfeita* e *imaculada*, títulos que vos deu vosso divino Esposo; como *horto fechado* das delícias de Deus; como *fonte selada* onde o inimigo jamais entrou para turvar-lhe as águas; como *lírio puríssimo,* nascido em meio ao espinheiral dos filhos de Adão; onde todos nascem manchados pela culpa e inimigos de Deus só vós nascestes pura, branca e totalmente amiga do vosso Criador.

Ah! Dulcíssima, amabilíssima e imaculada Maria! Fitai-me, compadecei-vos de mim e curai-me[4].

São Germano de Constantinopla

Separados de Deus pela multidão dos pecados, nós procuramos a Deus por teu intermédio, encontramo-lo e, encontrando-o, fomos salvos. Poderosa é a tua ajuda para a salvação, ó Mãe de Deus, e não necessitas de outro mediador diante dele.

---

4. *As glórias de Maria: da imaculada conceição de Maria, (2ª, I, 1),* em *Obras ascéticas de Sto. Afonso Maria de Ligório* I, BAC, Madri, 1952, 753-754.

Cientes disso e tendo experimentado muitas vezes o teu bondoso auxílio, quando obtivemos generosamente a realização de nossos pedidos, nós, que somos teu povo, tua herança, teu rebanho e estamos adornados com o nome do teu Filho, junto a ti buscamos refúgio. Realmente, a tua grandeza não tem limites, nem se podem enumerar os teus benefícios. Ninguém se salva, senão por ti, ó toda santa; ninguém recebe dom algum senão por meio de ti, ó castíssima; a ninguém se outorga a graça da compaixão, senão por ti, ó venerabilíssima. Por tudo isso, quem não te proclamará bem-aventurada? Quem não te enaltecerá? Embora esses louvores não correspondam ao que mereces, sem embargo, com grande fervor de espírito te são dirigidos, a ti glorificada, a ti enaltecida, a ti que recebeste daquele que é teu filho e teu Deus dons magníficos, grandes, maravilhosos, e por eles todas as gerações te honrarão[5].

Prece a Nossa Senhora de Lourdes

Para santa Bernardete, a maior graça não foi "ver" Nossa Senhora, mas receber Cristo na Eucaristia

Senhora de Lourdes,
Mãe bondosa, Mãe dos enfermos,
dos que sofrem, dos que choram...
ajuda-nos em nossa jornada;
fortalece-nos no combate.
Faz com que nos enamoremos de Cristo,
para levá-lo até os confins da terra,
para oferecê-lo a um mundo triste e entediado,
que, quanto mais de Deus se afasta,
menos saídas encontra para seus problemas.

Nossa Senhora de Lourdes,
que nos convidas a beber
da água viva que é Cristo,

---

5. *Homilia sobre o cíngulo e as santas fraldas*, em *Textos marianos dos primeiros séculos*, 261.

não nos deixes cair na tentação
do pessimismo,
do desalento,
do desânimo.
Roga, Virgem de Lourdes,
por nós, pecadores. Amém.

A visitação de Nossa Senhora

31 DE MAIO, FESTA

ॐ ॐ ॐ

Sf 3,14-18 ou Rm 12,9-16b
Salmo: Is 12,2-6
Lc 1,39-56

Oração

Ó Deus todo-poderoso
que inspirastes à Virgem Maria
o desejo de visitar sua prima Isabel
quando levava no seio o vosso Filho,
concede-nos, te rogamos,
que, dóceis ao Espírito Santo,
possamos cantar com Maria o vosso louvor
durante toda nossa vida.
Por nosso Senhor Jesus Cristo...

Prefácio

A IGREJA LOUVA A DEUS INSPIRANDO-SE
NAS PALAVRAS DE MARIA

Na verdade é justo e necessário,
é nosso dever e salvação
dar-vos graças, Senhor,
e proclamar vossas maravilhas
na perfeição dos vossos santos;
e ao comemorarmos a bem-aventurada
Virgem Maria,
exaltar especialmente a vossa generosidade

inspirando-nos no seu mesmo cântico de louvor.
Na verdade, fizestes grandes coisas
em favor de todos os povos
e mantivestes a vossa misericórdia
de geração em geração,
quando, ao considerar a humilhação da vossa escrava,
nos destes por ela o autor da vida,
Jesus Cristo, vosso Filho e Senhor nosso.

Santa Teresa de Lisieux

Tu me fazes compreender,
ó Rainha dos santos,
que não é impossível caminhar em tuas pegadas.
Fizestes-nos descobrir
o caminho estreito que leva ao céu
pela incessante prática de virtudes humildes.
Imitando-te,
é meu desejo permanecer pequena,
vejo como são vãs as grandezas terrenas.
Ao ver-te ir pressurosa à casa de Isabel,
contigo aprendo, Maria,
a praticar a caridade ardente.

Em casa de Isabel, ajoelhada, escuto
o cântico sagrado, ó Rainha dos anjos,
que do teu coração brota arrebatado!
Ensinas-me a cantar os louvores divinos,
a gloriar-me em Jesus, meu Salvador.
Tuas palavras de amor são místicas rosas
que envolverão em vivo perfume
os séculos futuros.
Em ti o Onipotente obrou maravilhas,
eu quero meditá-las e bendizer a Deus[6].

---

6. *Por que te amo, ó Maria!* (poesia 44), em TERESA DE LISIEUX, *Obras completas*, Monte Carmelo, Burgos, 1984, 800-801.

Santo Ildefonso

Eis que és ditosa entre as mulheres, íntegra entre as que recentemente deram à luz, senhora entre as donzelas, rainha entre tuas irmãs.

Eis que desde este momento todos os povos te proclamam feliz. As virtudes celestiais houveram-te por feliz, feliz te prognosticaram todos os profetas, e todas as nações celebram tua felicidade.

Ditosa és tu para minha fé, ditosa para a minha alma, ditosa para o meu amor, ditosa para minhas pregações e predições.

Pregar-te-ei quanto devas ser pregada, amar-te-ei quanto devas ser amada, louvar-te-ei quanto devas ser louvada, servir-te-ei quanto for mister servir à tua glória.

Quando recebes só a Deus, és posterior ao Filho enquanto Deus; quando geraste juntamente a Deus e ao homem, és anterior ao teu filho homem e, no momento em que o recebes, à sua chegada recebes a Deus como hóspede, e, ao concebê-lo, deste morada juntamente ao homem e a Deus.

No passado, eras impoluta para Deus; no presente, tiveste em ti o homem e Deus; no futuro, serias mãe do homem e de Deus, alegrando-te por tua concepção e virgindade, contente por tua descendência e por tua pureza fiel ao teu Filho e ao teu esposo[7].

Prece a Nossa Senhora

Servir é dizer a Deus: conta comigo

Nossa Senhora do alegre servir,
da disponibilidade na entrega,
agrada-me pedir-te as mãos emprestadas,
pois por meio delas
pode-se proporcionar a felicidade a outros.

Tu, Senhora, sabes servir com alegria.
Serves estimulada por um amor concreto

---

7. *A virgindade perpétua de Maria*, I, em *Santos padres espanhóis*, I: *Santo Ildefonso de Toledo*, BAC, Madri, 1971, 50-52.

desde a sopa quente, ao anoitecer,
até o café da manhã.
Desde tomar conta das crianças das vizinhas
até aconchegar o Messias ao peito.
Desde a tua oração ardente ao Criador
até as brincadeiras de Mãe com quem é teu Redentor.

Mãe do serviço,
faz de nós servos por amor,
capazes de entregar um coração
e mãos limpas perseverantes no servir. Amém.

Imaculado Coração de Maria

SÁBADO APÓS O SEGUNDO DOMINGO DEPOIS
DE PENTECOSTES; MEMÓRIA FACULTATIVA

🙠 🙠 🙠
Is 61,9-11
Salmo: 1Sm 2,1.4-7
Lc 2,41-51

Oração

Ó Deus, que preparastes no coração
da Virgem Maria
uma digna morada para o Espírito Santo,
concedei-nos, por intercessão da Virgem,
chegarmos a ser templos dignos da vossa glória.
Por nosso Senhor Jesus Cristo...

Prefácio

MARIA, SINAL DE CONSOLO E ESPERANÇA

Na verdade é justo dar-vos graças,
é bom cantar vossa glória,
Pai santo,
Deus eterno e todo-poderoso.
Nós vos louvamos e bendizemos,
por Jesus Cristo vosso Filho,
nesta memória da bem-aventurada
Virgem Maria.
Como humilde serva, ela escutou a vossa palavra
e a conservou em seu coração;
admiravelmente unida ao mistério da redenção,
perseverou na oração com os apóstolos,

enquanto esperavam o Espírito Santo;
e, agora, brilha em nosso caminho
como penhor de consolo e firme esperança.

São Luís Maria Grignion de Montfort

Adoremos todos juntos
o Verbo que se encarnou;
no seio da Virgem santa
humilha-se o próprio Deus.
Adoremos Deus-Menino,
que vem nos resgatar.
Este seio é um santuário
onde Deus faz suas delícias,
um céu onde resplandece
a justiça do Senhor;
uma fortaleza inexpugnável
para os amigos de Deus.
Em tão divino santuário
acha Deus suas complacências
e a alma de Maria
inflama-se qual braseiro,
intercâmbio portentoso
de incomparável amor.
Quão generoso se mostra
Jesus com sua Virgem Mãe!
Seu seio é seu tabernáculo,
seu excelso e régio trono;
em seu peito virginal
derrama graças sem conta.
Laços indestrutíveis
a este coração o ligam,
que jamais com mancha alguma
o pecado obscureceu;
nele sua melhor imagem
perfeitamente imprimiu.
Um vínculo de amor santo
une tão fortemente suas almas,

que por vítimas a Deus
ambos juntos se oferecem,
para aparar os raios
que desfecha contra os homens.
Em tão divino mistério
as almas nascem em graça,
feitas já irmãs de Cristo,
irmãs também de Maria,
compartilham suas virtudes,
sua glória e seu poder.
Ó maravilhosa dita!
Ó êxtase maravilhoso!
Como narrar os transportes
deste par de corações?
Segredos tão inefáveis
que só o céu alcançou!
Ambos parecem fundir-se!
Ó aliança tão formosa!
Maria vive toda em Cristo,
o amor de seus amores;
e só Cristo vive nela,
ela já não vive mais!
No ardor desses corações
derretemos nosso gelo;
partilhemos suas chamas,
suas virtudes e graças;
aguarda-nos sua acolhida,
pois amam o pecador.
Ó Mãe do divino amor
e riquíssimo santuário,
trazes nosso Soberano,
trazes nosso Salvador.
Faz que venha a nossas almas
este Cordeiro de Deus!
Jesus, nosso amante, Esposo,
nosso Deus e nosso irmão,
vem, para viver em nós
por tua santíssima Mãe,
para que por ti possamos

ao Pai eterno chegar.
Vem, vem por tua humildade
devolver-nos à infância;
vem, e por tua santidade
devolve-nos a inocência;
vem, e por tua caridade
em nós reina, ó bom Senhor.
Deus só[8].

Prece ao Imaculado Coração de Maria

*A presença do Coração da Virgem
é suave brisa nos momentos de aridez*

Coração Imaculado de Maria,
a ti recorremos
porque és verdadeiramente Mãe
e cuidas de nós, errantes peregrinos,
neste "vale de lágrimas".

És uma mulher simples,
mãe fabulosa,
amiga encantadora,
irmã comprometida.
Contigo
a vida tem outro sabor.
É possível caminhar para a frente,
é possível servir aos mais pobres,
é possível amar de coração aberto.

Coração de Maria,
leva-nos a Jesus.
Introduz-nos em seu Coração,
para passarmos por este mundo
fazendo o bem. Assim seja.

---

8. *Em honra de Jesus que vive em Maria durante a encarnação* (Cântico 87), em S. LUÍS MARIA GRIGNION DE MONTFORT, *Obras*, BAC, Madri, 1984, 689-691.

Nossa Senhora do Carmo

16 DE JULHO, MEMÓRIA

✤ ✤ ✤

Zc 2,14-17
Salmo: Lc 1,46-55
Mt 12,46-50

Oração

Senhor, nós vos suplicamos
que a poderosa intercessão da Virgem Maria,
sob o título do monte Carmelo,
nos ajude e faça chegar
a Cristo, monte da salvação.
Ele, que convosco vive e reina...

Prefácio

MARIA, IMAGEM DA NOVA HUMANIDADE

Na verdade é justo dar-vos glória,
Pai santo,
fonte da vida e da alegria.
Porque, nesta época final da história,
quisestes revelar-nos
o mistério oculto há séculos,
para que assim o mundo inteiro
torne à vida e recobre a esperança.
Em Cristo, novo Adão,
e em Maria, nova Eva,
revela-se o mistério da vossa Igreja,
como primícias da humanidade redimida.
Por este dom inefável
a criação inteira

empreende novamente
seu caminho rumo à Páscoa eterna
com a força do Espírito Santo.

Beata Isabel da Trindade

Amar, para uma carmelita,
é dar-se como se deu Jesus.
Um amor verdadeiro não hesita
e sempre almeja por dar-se mais.
Sejamos imagem fiel
de Cristo crucificado, nosso esposo.
Copiemos em nós o modelo
de Jesus por nós crucificado.
De olhos nele sem cessar
subamos à áspera montanha
onde se ergue a morada do amor,
seu palácio e seu templo.
Neste santuário misterioso
imolemo-nos com o coração em festa.
Amar é seguir os passos de Maria,
exaltando a grandeza do Senhor,
na hora em que, de alma exultante,
seu cântico entoava ao Senhor.
Centro da vossa vida, ó Virgem fiel,
era o aniquilamento,
pois Jesus, esplendor eterno,
humilhando-se, ocultou-se.
É sempre por meio da humildade
que a alma se engrandece[9].

Beato Rafael Arnaiz

Tu, que em tudo vês a mão de Deus... não vês também a mão de Maria?

---

9. *Amar* (poesia 94), em ISABEL DA TRINDADE, *Obras completas*, 388-389.

Como Deus é grande, quão bondosa é Maria!...
Como é possível viver sem amar Maria, sem amar a Deus, sem sonhar com o céu?... Tudo é nada..., nem há nada debaixo do sol que nos valha gozar ou sofrer; só há o gozo da verdadeira esperança e o grande pesar de não amar bastante.

Ó irmão querido, ficaríamos loucos se não amássemos Maria. Honrando a Virgem, amaremos mais Jesus. Refugiando-se sob seu manto, compreenderemos melhor a misericórdia divina. Invocando seu nome tudo se suaviza e, tomando-a por intercessora, o que não havemos de conseguir do seu Filho Jesus?

Não pretendo dizer-te nada de novo. Unicamente queria... que da minha parte chegasse ao teu coração uma palavra...: Maria[10].

Prece a Nossa Senhora do Carmo

*Quando eu não puder mais, Mãe,
mostra-me teus olhos*

Nossa Senhora do Carmo,
guia dos peregrinos,
amiga dos navegantes,
consolo dos desterrados,
força dos emigrantes,
próxima dos encarcerados.
A ti vimos
apresentar nossas fadigas,
o quão penoso se torna avançar
quando as dificuldades nos afligem.
Tu nunca nos falhaste.
Alegras-te aproximar-se dos filhos que lutam
no mar violento da vida.
Sempre, desde o Carmelo,
nos tens chamado para a oração,
para subir ao monte da contemplação
e oferecer nossas mãos
para o serviço humilde. Amém.

---

10. Carta ao seu tio Leopoldo, em IRMÃO RAFAEL, *Obras completas*, Monte Carmelo, Burgos, 1993², 699-700.

Dedicação da Basílica de Santa Maria

5 DE AGOSTO, MEMÓRIA FACULTATIVA

ಜಿ ಜಿ ಜಿ

Ap 21,1-5a
Salmo: Jt 13,18-19
Lc 11,27-28

Oração

Perdoai, Senhor, os pecados dos vossos filhos,
e, já que nossas obras não vos podem alegrar,
concedei-me a salvação
por meio da Mãe do vosso Filho,
que convosco vive e reina...

Prefácio

A MATERNIDADE DE MARIA

Na verdade é justo e necessário,
é nosso dever e salvação
dar-vos graças
sempre e em todo o lugar,
Senhor, Pai santo,
Deus eterno e todo-poderoso,
e louvar, bendizer e proclamar a vossa glória
na memória de Santa Maria, sempre Virgem.
Pois ela concebeu vosso Filho único
por obra do Espírito Santo,
e, sem perder a glória da sua virgindade,
deu ao mundo a luz eterna,
Jesus Cristo, nosso Senhor...

São Cirilo de Alexandria

Nós vos saudamos, ó Maria, mãe de Deus, venerando tesouro de toda a terra, lâmpada inextinguível, coroa da virgindade, cetro da doutrina verdadeira, templo indestrutível, morada daquele que nenhum lugar pode conter, Mãe e Virgem, por meio da qual nos santos Evangelhos é chamado *bendito o que vem em nome do Senhor.*

Nos vós saudamos, ó Maria, que trouxestes no vosso seio virginal Aquele que é imenso e infinito; por vós, a santa Trindade é glorificada e adorada; por vós, a cruz preciosa é adorada no mundo inteiro; por vós, o céu exulta; por vós, alegram-se os anjos e arcanjos; por vós, são expulsos os demônios; por vós, o diabo tentador foi precipitado do céu; por vós, a criatura decaída é levada ao céu; por vós, todo gênero humano, sujeito à insensatez da idolatria, chega ao conhecimento da verdade; por vós, o santo batismo purifica os crentes; por vós, nos vem o óleo da alegria; por vós, são fundadas as igrejas em toda a terra; por vós, os povos são conduzidos à penitência.

E que mais hei de dizer? Por vós, o Filho unigênito de Deus iluminou aqueles *que jaziam nas trevas e na sombra da morte*; por vós, os profetas anunciaram as coisas futuras; por vós, os mortos são ressuscitados; por vós, reinam os reis em nome da santa Trindade.

Quem de entre os homens é capaz de celebrar dignamente os louvores de Maria? Ela é mãe e virgem: ó surpreendente maravilha! Quem alguma vez ouviu dizer que o construtor fosse impedido de habitar no templo que ele próprio construiu? Quem poderá considerar ignomínia o fato de tomar a própria serva como sua mãe?[11]

São Germano de Constantinopla

"Ó Senhora minha, sê meu refúgio, minha vida e amparo, armadura e louvor, esperança e força; concede-me gozar no reino celestial dos dons inefáveis e incorruptíveis do teu Filho, teu Deus e nosso.

---

11. Homilia no Concílio de Éfesos, em *Liturgia das horas* III, Edição port. P. 1517.

Com efeito, eu sei que tens um poder equivalente ao teu querer, já que és a Mãe do Altíssimo.

Por isso, ó puríssima Senhora, suplico-te que eu não fique iludido na minha esperança."[12]

Louvores a Maria

*Na escola de Maria aprende-se
a orar servindo e a servir orando*

Louvai ao Senhor
que nos deu Maria,
mulher crente,
irmã admirável,
esposa fecunda,
mãe encantadora,
amiga inseparável de quem sofre.

Sim, louvai a Deus por Maria.
A sem pecado,
a sempre Virgem,
a que subiu ao céu em corpo e alma,
a desde sempre eleita
para ser Mãe de Deus.
Sim, louvai a Deus por Maria,
a humilde serva do Senhor,
a que com suas mãos serve Isabel.

Obrigado, Senhor, por nos ter dado Maria.
Com ela, tudo tem outro sabor.
Sem ela, a vida seria terrível.
Ela nos conduz a ti. Amém.

---

12. *Homilia sobre a assunção*, em *Textos marianos dos primeiros séculos*, 260.

A assunção de Maria Santíssima

15 DE AGOSTO, SOLENIDADE

✥ ✥ ✥

1: 1Cr 15,3-4.15-16; 16,1-2
Sl 131
1Cor 15,54-57
Lc 11,27-28
2: Ap 11,19a; 12.1.3-6a.10ab
Sl 44
1Cor 15,20-27a
Lc 1,39-56

Oração

Deus eterno e todo-poderoso,
que elevastes ao céu em corpo e alma
a Imaculada Virgem Maria, Mãe do vosso Filho,
concedei-nos que,
aspirando sempre às realidades divinas,
cheguemos a participar com ela
da sua mesma glória no céu.
Por nosso Senhor Jesus Cristo...

Prefácio

A GLÓRIA DA ASSUNÇÃO DE MARIA

Na verdade é justo e necessário,
é nosso dever e salvação
dar-vos graças
sempre e em todo o lugar,
Senhor, Pai santo,
Deus eterno e todo-poderoso,
por Cristo, Senhor nosso,

porque hoje foi elevada ao céu
a Virgem, Mãe de Deus.
Ela é a figura e aurora da Igreja
que um dia será glorificada;
é o consolo e esperança do vosso povo
ainda peregrino na terra.
Com toda a razão não quisestes, Senhor,
que sofresse a corrupção do sepulcro
a mulher que, por obra do Espírito Santo,
concebeu no próprio seio o autor da vida,
Jesus Cristo, vosso Filho e Senhor nosso.

São João Damasceno

Como seria possível que aquela que abrigou Deus em seu seio fosse devorada pela morte?

Como poderia a corrupção invadir o corpo que em si recebera a Vida?

Tudo isso de modo algum poderia afetar a alma e o corpo da que foi portadora de Deus.

Era necessário que aquela que, ao ser mãe, conservara intacta a própria virgindade fosse premiada com a incorrupção do seu corpo depois da morte.

Era necessário que aquela que trouxe em seu seio o Criador feito criança habitasse nos divinos tabernáculos.

Era necessário que a noiva desposada pelo Pai residisse na câmara nupcial do céu.

Era necessário que aquela que vira o próprio Filho na cruz, e por ela tivera o coração trespassado pela espada da dor, que no parto não sofrera, comtemplasse por fim o Filho entronizado junto de Deus Pai.

Era necessário que a Mãe de Deus dispusesse das coisas do seu Filho e fosse venerada por todas as criaturas como serva do Senhor e Mãe de Deus[13].

---

13. *Homilia II da Assunção*, 278.

São Germano de Constantinopla

A morte não se gloriará às tuas custas, pois trouxeste a vida em teu seio.

Tu foste o meu albergue, que não será devastado pelo poder destruidor da morte nem obscurecido pelas sombras do reino das trevas.

Vem de bom grado para junto daquele que de ti nasceu.

Como cabe a um filho, eu quero regozijar-te; quero recompensar-te por me teres hospedado no teu seio, retribuir-te o teres me amamentado, remunerar-te por teres cuidado de mim; quero encher o teu coração de segurança e confiança.

Tu, ó mãe, de quem fui o filho único, preferirás habitar comigo, pois bem sei que não há em ti pendor algum por outro filho que te possa apartar de mim.

Eu te constituí mãe virginal e farei com que, como mãe, te alegres por teu filho.

Farei com que o mundo inteiro te guarde gratidão e aumentarei a tua fama na hora do teu glorioso trânsito.

Eu te estabelecerei como praça forte no meio do mundo, como ponte onde se agarrem os que são arrebatados pela correnteza, como arca de salvação, como tocha dos caminhantes, como advogada dos pecadores e como escada pela qual os homens possam subir ao céu[14].

Liturgia bizantina

Em teu parto, conservaste a virgindade,
em teu trânsito, não desamparaste o mundo,
ó Mãe de Deus;
ao contrário, tu te reuniste à fonte da vida,
tu que concebeste o Deus vivo
e, com tuas orações,
libertarás nossas almas da morte[15].

---

14. *Homilia III sobre a Dormição*, em *Textos marianos dos primeiros séculos*, 256.
15. *Tropário da festa da Dormição*, em CEC 966.

Prece à assunção de Nossa Senhora

*Ela foi chamada ao céu para estar
mais perto de nós*

Senhora da Assunção,
Jesus, teu Filho,
não podia viver sem ti no céu
e te levou para junto de si,
com teu corpo recendendo nossa terra.
Queria estar contigo a seu lado, logo,
e para sempre,
a fim de que do céu
continues cuidando de nós
que somos peregrinos em busca do Absoluto.

Santa Maria da Assunção,
quando chegar a noite,
ampara os que não têm casa nem lar,
os que ninguém acolhe,
os de quem todos fogem.
Tu, que sempre és Mãe,
ajuda daí do céu
os que se desesperam,
os que vivem mal,
todos os que vivem sem fé,
de modo que nunca
te esqueças de que és nossa Mãe do céu. Amém.

Nossa Senhora Rainha

22 DE AGOSTO, MEMÓRIA

☙ ☙ ☙

Is 9,1-3.5-6
Sl 112
Lc 1,26-38

Oração

Deus todo-poderoso,
que nos destes a Mãe do vosso Unigênito
como Mãe e Senhora,
concedei-nos que, protegidos por sua intercessão,
alcancemos a glória dos vossos filhos
no reino dos céus.
Por nosso Senhor Jesus Cristo...

Prefácio

MARIA, MODELO DE MÃE E RAINHA

Na verdade é justo e necessário,
é nosso dever e salvação
dar-vos graças sempre e em todo o lugar,
Senhor, Pai santo, Deus eterno e todo-poderoso,
e louvar-vos como é devido
nesta celebração em honra da Virgem Maria.
Ao acolher vossa Palavra num coração puríssimo,
ela mereceu concebê-la em seu seio virginal,
e ao dar à luz o seu filho,
antecedeu o nascimento da Igreja.
Ao receber junto à cruz
o testamento do vosso amor divino,

ela adotou como filhos todos os homens
nascidos para a vida sobrenatural
em virtude da morte de Cristo.
Na espera pentecostal do Espírito,
unindo as próprias orações às dos discípulos,
ela se converteu em modelo da Igreja suplicante.
Desde a sua assunção para o céu,
acompanha com amor materno
a Igreja peregrina
e protege seus passos rumo à pátria celestial,
até a vinda gloriosa do Senhor.

São Germano de Constantinopla

Já que por ti, ó Santíssima Mãe de Deus, céus e terra ganharam esplendor, será possível que, com o teu trânsito, deixes os homens privados da tua assistência? Não há como pensá-lo.

Se, quando habitavas o mundo, nunca te alheavas dos hábitos celestiais, igualmente, depois de teres emigrado dentre nós, não te afastaste em espírito do teor de vida dos homens.

Abrigando a Deus em teu seio, tu te revelaste como um céu, morada do Altíssimo, e outrossim para Ele uma terra espiritual, com a contribuição do teu sim. Com razão, pois, cremos que, assim como quando habitavas no mundo vivias totalmente unida com Deus, da mesma forma, ao emigrar, não abandonaste os habitantes da terra[16].

São Boaventura

Por todo o tempo tributarás suma e amorosa veneração à gloriosa Rainha, Mãe de nosso Senhor; em todas as tuas necessidades e penas, recorre a ela como ao refúgio mais seguro, implorando sua proteção; toma-a por advogada e encomenda-lhe com devoção e confiança tuas aflições, pois é Mãe de misericórdia, e oferece-lhe todos os dias um testemunho especial de veneração. E, para que a tua devoção

---

16. *Homilia I sobre a Dormição*, em *Textos marianos dos primeiros séculos*, 257-258.

seja acolhida favoravelmente e teus obséquios lhe sejam agradáveis, imita-a, conservando-te puro de alma e corpo, e esforça-te por seguir suas pegadas, praticando a humildade e a mansidão[17].

Paulo VI

Cremos que Maria é a Mãe sempre virgem do Verbo encarnado, nosso Deus e Salvador Jesus Cristo, e que por esta singular eleição, em atenção aos méritos do seu Filho, ela foi redimida de modo eminente, preservada de toda mancha de pecado original e cumulada com o dom da graça sobre todas as demais criaturas.

Associada por um vínculo estreito e indissolúvel aos mistérios da encarnação e da redenção, a santíssima Virgem Imaculada foi, no fim da sua vida terrena, elevada em corpo e alma à glória celeste e configurada com seu Filho ressuscitado, em antecipação ao futuro destino de todos os justos.

Cremos que a santíssima Mãe de Deus, nova Eva, Mãe da Igreja continua no céu a sua missão maternal em prol dos membros de Cristo, cooperando para o nascimento e desenvolvimento da vida divina nas almas dos redimidos[18].

Prece a Nossa Senhora Rainha

Ó Mãe, tu és a Rainha dos corações
que amam o teu Filho

É verdade, ó Mãe, que és Rainha?...
Que sabes reinar, que deves reinar?...
Será verdade que o teu título de Rainha
se concilia com tua missão de Mãe?

Como não!... És Rainha
mas sem deixar de ser Mãe.
Com que confiança haveríamos de recorrer a ti

---

17. *Devoção especial à gloriosa Virgem* (Memoriais, 13), em *Obras de S. Boaventura* IV, BAC, Madri, 1947, 593.
18. Solene profissão de fé (30 de junho de 1968).

se só tivesses coroa de Rainha
sem coração de Mãe?
Como Jesus é bom,
que determinou fosses nossa Rainha
e também nossa Mãe.

Senhora, Rainha do universo e das nossas almas,
a ti recorrem os teus pobres vassalos,
que somos também todos teus filhos,
buscando em ti
o teu poder de rainha
e teu amor e amparo de mãe. Amém.

Natividade de Nossa Senhora

8 DE SETEMBRO, FESTA

✤ ✤ ✤

Mq 5,1.4a ou Rm 8,28-30
Sl 12
Mt 1,1-16.18-23

Oração

Dai, Senhor, aos vossos servos o dom da vossa graça
e fazei com que a festa do nascimento
da bem-aventurada Virgem Maria
aumente a paz daqueles para quem sua maternidade
foi princípio de salvação.
Por nosso Senhor Jesus Cristo...

Prefácio

A MATERNIDADE DE MARIA

Na verdade é justo e necessário,
é nosso dever e salvação
dar-vos graças
sempre e em todo o lugar,
Senhor, Pai santo,
Deus eterno e todo-poderoso,
e louvar, bendizer e proclamar a vossa glória
na natividade de Santa Maria, sempre virgem,
porque ela concebeu vosso Filho único
por obra do Espírito Santo
e, sem perder a glória da sua virgindade,
deu ao mundo a luz eterna,
Jesus Cristo, nosso Senhor...

São João d'Ávila

Que notável pergunta: quem é Jesus Cristo? E, depois, outra pergunta notável: quem é sua bendita Mãe?

Tão grande é esta menina que hoje nasce, que enche de admiração os homens e anjos, que, por isso, perguntam espantados: *Quem é esta que nasce como a aurora, formosa como a lua, eleita como o sol?* Quem se atreveria a responder ao que os anjos perguntam com assombro?

Benditíssimo Senhor! Vosso eterno Pai declarou pela boca de Pedro quem éreis. Vede o quanto convém ao mundo que conheçamos vossa bendita Mãe, que hoje nasce. Porque conhecer-vos é conhecer nosso Redentor e nosso remédio; e conhecê-la é conhecer o caminho para amar a vós e a vossa redenção.

Nós vos confessamos, Senhor, que não somos suficientes para conhecer ou enunciar a menor parte das grandes riquezas com que prendastes a vossa Mãe. Tomai pois isto à vossa conta, já que sois seu Filho e quereis honrar vossa Mãe santíssima; sois seu Criador e seu Deus, que a criastes e dotastes de todas as graças, e por isso a conheceis muito bem e a fareis conhecer na medida de nossa precisão.

Feliz daquele cuja alma conhece esta obra de Deus de que dispomos, esta Menina sacratíssima, na qual nada há de mão alheia, mas é toda feita de Deus, e por isso toda cheia de maravilhas, *vaso admirável, obra do Altíssimo*.

Pequenina é ela aos próprios olhos, mas a sua dignidade e grandeza excedem com grande vantagem todo o criado[19].

Santo André de Creta

Da raiz de Davi a Jessé, Ana deu à luz aquela que é a haste da qual brotaria a mística flor: Cristo, criador de todos.

"Em teu seio, ó Ana, começou a tecer-se a régia púrpura com que se vestiu o Senhor, rei do universo, quando se tornou visível aos homens, para humilhar os adversários que nos combatiam.

---

19. *Sermão 60: Natividade da Virgem*, em *Obras completas do santo mestre João de Ávila* III, BAC, Madri, 1970, 3-4.

Em teu ventre, Ana, concebeste um delicioso aroma, aquela que levou em seu seio de modo admirável o Senhor, bálsamo de vida que havia de perfumar nossas almas com a fragrância da graça."[20]

Prece à natividade da Santíssima Virgem

O nascimento de Maria foi motivo de alegria até para os anjos

Maria! Criancinha, pequenina,
inocente, pura... Menina!
Que grandeza em tua pequenez.
Que sabedoria em tua ignorância.
Que alegria em teu pranto.
Que disponibilidade em tua pessoa.
Quanto amor em teu coraçãozinho.
Maria! Criancinha, pequenina,
inocente, pura... Menina!
Filha de Deus,
predestinada, escolhida,
"prenunciada", preparada...
para ser Mãe do próprio Deus.
Maria *menina*, "muito menina",
mas menina só de Deus,
que à sombra dele cresce,
que por sua mão caminha,
que se esconde em seu coração.

Maria, não cresças, fica pequena,
não obstante "grande"...
da grandeza que é fruto do amor. Amém.

---

20. *A concepção de Santana, a divina avó*, em *Textos marianos dos primeiros séculos*, 271-272.

Nossa Senhora das Dores

15 DE SETEMBRO, MEMÓRIA

ॐ ॐ ॐ

Hb 5,7-9
Sl 30
Jo 19,25-27; Lc 2,33-35

Oração

Senhor, vós, que quisestes que a Mãe
do vosso Filho compartilhasse suas dores ao pé da cruz,
fazei com que a Igreja,
associando-se com Maria à paixão de Cristo,
mereça participar de sua ressurreição.
Por nosso Senhor Jesus Cristo...

Prefácio

MARIA, SINAL DE CONSOLO E ESPERANÇA

Na verdade é justo dar-vos graças,
é bom cantar vossa glória,
Pai santo,
Deus eterno e todo-poderoso.
Nós vos louvamos e bendizemos
por Jesus Cristo, vosso Filho,
nesta memória da bem-aventurada
Virgem Maria.
Como humilde serva, ela escutou a vossa palavra
e a conservou em seu coração;
admiravelmente unida ao mistério da redenção,
perseverou com os apóstolos na oração,
enquanto esperavam o Espírito Santo,

e agora refulge em nosso caminho
como sinal de consolo e firme esperança.

João Paulo II

São João, em seu evangelho, recorda que "junto da cruz de Jesus estava sua Mãe". Era a presença de uma mulher — já viúva havia anos, como tudo faz pensar — que estava para perder também o seu filho. Todas as fibras do seu ser estremeciam por aquilo que tinha visto nos dias culminantes da Paixão, por aquilo que sentia e pressentia, agora, junto ao patíbulo. Como impedir-lhe de sofrer e chorar? A tradição cristã sentiu a dramática experiência daquela Mulher cheia de dignidade e decoro, mas com o coração despedaçado, e deteve-se a contemplá-la com íntima participação na sua dor:

"Estava a Mãe dolorosa,
junto da cruz, lacrimosa,
enquanto Jesus sofria".

Não se trata só de uma questão "da carne e do sangue", nem de um afeto sem dúvida nobilíssimo, mas simplesmente humano. A presença de Maria junto à cruz mostra o seu empenho de participação total no sacrifício redentor de seu Filho.

Maria quis participar inteiramente nos sofrimentos de Jesus, porque não rejeitou a espada anunciada por Simeão, mas, antes, aceitou, com Cristo, o desígnio misterioso do Pai. Ela era a primeira participante daquele sacrifício, e teria permanecido para sempre o modelo perfeito de todos aqueles que houvessem de aceitar associar-se sem reservas à oferta redentora.

Por outro lado, a compaixão materna em que se exprimia aquela sua presença contribuía para tornar mais denso e mais profundo o drama daquela morte na cruz, tão próxima do drama de tantas famílias, de tantas mães e de tantos filhos.

Jesus, que vê sua mãe junto da Cruz, pensa nela seguindo as recordações de Nazaré, de Caná, de Jerusalém, talvez reviva os momentos do trespasse de José e, depois, da sua separação dela e da solidão em que viveu nos últimos anos, uma solidão que agora está para acentuar-se.

Maria, por sua vez, pondera todas as coisas que durante anos e anos "conservou em seu coração", e agora mais do que nunca compreende-as diante da Cruz. A dor e a fé fundem-se na sua alma[21].

Romano, o Melodo

"Por que choras, ó Mãe?
Por que, junto com as outras mulheres,
te abandonas à dor?
Então, não devo sofrer e morrer?
Do contrário, como poderia salvar Adão?
Não hei de baixar à sepultura?
Senão, como restituiria à vida
os que jazem no Hades?
Como bem sabes,
estou crucificado injustamente;
por que choras, ó Mãe?

Antes, proclama
que sofro voluntariamente,
eu, que sou teu Filho e teu Deus.
Cessa, ó Mãe, cessa a tristeza,
não convém que chores
tu que és chamada
a cheia de graça:
não obscureças este teu nome
com o teu pranto..."

"Tem confiança, ó Mãe,
tu serás a primeira
que me contemplarás
quando sair do sepulcro.
Eu virei mostrar-te
de quantas dores
libertei Adão
e quanto por ele padeci;

---

21. Audiência geral in *Osservatore Romano*, 23 de novembro de 1988, p. 656.

darei a meus amigos a prova,
apresentando-lhes minhas mãos,
e então, ó Mãe,
verás Eva viva,
como antes,
e com alegria exclamarás:
meu filho e meu Deus
resgatou os meus pais."[22]

Prece a Nossa Senhora das Dores

Maria prolonga sua "missão dolorosa" em todas as mulheres que sofrem

Dolorosa, mulher forte e valente,
que vives ao pé da cruz
de coração trespassado por uma espada,
lembra-te de todos os dramas da nossa história,
de todos os sofrimentos dos homens,
de todos os que vivem sem esperança.

Mulher dolorosa,
que, junto à cruz,
te ofereces com a vítima que é Cristo
e que tu mesma
havias gerado
por obra do Espírito Santo,
lembra-te
das mães que vêem seus filhos morrer,
dos doentes terminais,
das mães que abortam,
dos que tudo perderam,
dos que nada têm.
Lembra-te, Mãe dolorosa,
dos que vivem ou morreram
esperando por um mundo novo que nunca chegou.
Ajuda os que não têm paz nem pão.
Roga, Dolorosa,
por todas "as dolorosas" do mundo. Amém.

---

22. *Maria ao pé da cruz*, em *Textos marianos dos primeiros séculos*, 203-204.

Nossa Senhora do Rosário

7 DE OUTUBRO, MEMÓRIA FACULTATIVA

✢ ✢ ✢

Hb 1,12-14
Salmo: Lc 1,46-55
Lc 1,26-38

Oração

Infundi, Senhor, em nossas almas a vossa graça,
para que, conhecendo pela anunciação do Anjo
a encarnação do vosso Filho,
cheguemos por sua paixão e cruz,
e com a intercessão da Virgem Maria,
à glória da ressurreição.
Por nosso Senhor Jesus Cristo...

Prefácio

MARIA, MODELO E MÃE DA IGREJA

Na verdade é justo e necessário,
é nosso dever e salvação
dar-vos graças sempre e em todo o lugar,
Senhor, Pai santo, Deus eterno e todo-poderoso,
e louvar-vos devidamente
nesta celebração em honra da Virgem Maria.
Ao acolher a vossa Palavra de coração puro,
ela mereceu concebê-la em seu seio virginal,
e ao dar à luz seu Filho,
preparou o nascimento da Igreja.
Ao receber junto a cruz
o testamento do vosso amor divino,

ela assumiu como filhos todos os homens
nascidos para a vida sobrenatural
pela morte de Cristo.
Durante a espera pentecostal do Espírito,
ao associar suas orações às dos discípulos,
ela se converteu em modelo da Igreja suplicante.
Desde a sua assunção ao céu,
acompanha com amor materno
a Igreja peregrina
e protege seus passos rumo à pátria celeste
até a vinda gloriosa do Senhor.

Paulo VI

Oração evangélica, centrada no mistério da encarnação redentora, o rosário é, por isso mesmo, uma prece de orientação profundamente cristológica. Na verdade, o seu elemento mais característico — a repetição litânica da "Ave-Maria" — torna-se também louvor incessante a Cristo, objeto último do anúncio do anjo e da saudação da mãe do Batista: "Bendito o fruto do teu ventre".

Diremos mais ainda: a repetição da Ave-Maria constitui a trama sobre a qual se desenrola a contemplação dos mistérios; aquele Jesus que cada Ave-Maria relembra é o mesmo que a sucessão dos mistérios propõe, uma e outra vez, como Filho de Deus e da Virgem Santíssima; nascido numa gruta de Belém; apresentado pela mesma Mãe no Templo; um rapazinho ainda, a demonstrar-se cheio de zelo pelas coisas de seu Pai; depois, Redentor, agonizante no horto, flagelado e coroado de espinhos; a carregar a cruz e a morrer sobre o Calvário; por fim, ressuscitado da morte e elevado à glória do Pai, para transmitir o dom do Espírito[23].

São Luís Maria Grignion de Montfort

Vem, ó Jesus, que vives em Maria;
vem viver, reinar em todos nós,

---

23. PAULO VI, *Marialis cultus*, 46.

que tua vida se traduza em nossa vida
para que só vivamos para ti.

Forja em nossa alma, ó Cristo, tuas virtudes,
o teu divino Espírito e santidade,
tuas máximas perfeitas, tuas normas
e o ardor de tua eterna caridade.

Faz-nos participar de teus mistérios,
para que te possamos imitar;
tu, que és da luz, dá-nos tuas luzes
para que em teu caminho te sigamos.

Ó Cristo, reina em nós, por tua Mãe,
sobre o demônio e sobre a natureza,
por força do teu nome soberano,
para a glória do nosso Pai celeste. Amém[24].

Prece a Nossa Senhora do Rosário

O rosário é viver o evangelho
com um coração de pobre

Senhora do Rosário,
devoção singela e profunda
que nos abre o coração à esperança.

Quando sobrevém a *dor*,
ajuda-nos a vivê-la
nos mistérios dolorosos
da vida de Cristo.
Faz-nos viver no gozo
de estar sempre junto do Senhor.
Senhora do Rosário, acode ao nosso grito para vivermos sempre totalmente no Cristo vivo, em *Jesus Ressuscitado*.

Santa Maria do Rosário, rogamos-te que ores por nós e conosco nos momentos decisivos da nossa vida:
Agora, no momento presente, *e na hora* da nossa morte. Amém.

---

24. *Oração a Jesus que vive em Maria* (Cântico 111), em SÃO LUÍS MARIA GRIGNION DE MONTFORT, *Obras* 689.

Nossa Senhora do Pilar

12 DE OUTUBRO, FESTA

ઠ ઠ ઠ

1Cr 15,3-4.15-16; 16,1-2 ou Hb 1,12-14
Sl 26
Lc 11,27-28

Oração

Deus eterno e todo-poderoso,
que concedestes um amparo celestial
a todos os que invocam
a gloriosa Mãe do vosso Filho
sob o nome de Nossa Senhora do Pilar,
concedei-nos, por sua intercessão, fortaleza na fé,
firmeza na esperança e constância no amor.
Por nosso Senhor Jesus Cristo...

Prefácio

A GLÓRIA DA VIRGEM MARIA

Na verdade, é justo e necessário,
é nosso dever e salvação
dar-vos graças
sempre e em todo o lugar,
Senhor, Pai santo,
Deus eterno e todo-poderoso,
por todas as grandes maravilhas
que realizastes na Virgem, Mãe do vosso Filho.
Concebida sem pecado,
ela não foi contaminada
pela corrupção do sepulcro,

pois, sendo intacta em sua virgindade,
gloriosa em sua descedência
e triunfante em sua assunção,
foi Mãe de Cristo, esposa da Igreja,
luz das nações,
esperança dos fiéis
e alegria de todo o nosso povo.

Concílio Vaticano II

Enquanto na Beatíssima Virgem a Igreja já atingiu a perfeição pela qual existe sem mácula e sem ruga, os cristãos ainda se esforçam por crescer em santidade vencendo o pecado. Por isso elevam seus olhos a Maria, que refulge para toda a comunidade dos eleitos como exemplo de virtudes.

Piedosamente meditando e contemplando-a à luz do Verbo feito homem, a Igreja penetra com reverência mais profunda no sublime mistério da Encarnação, assemelhando-se mais e mais ao seu Esposo.

Pois Maria, entrando intimamente na história da salvação, reúne em si, de certo modo, e reflete as supremas normas da fé; e, quando é proclamada e cultuada, leva os fiéis ao seu Filho e ao amor do Pai.

A Igreja, porém, buscando a glória de Cristo, torna-se mais semelhante ao seu excelso Modelo e constantemente progride na fé, esperança e caridade, procurando e cumprindo a vontade divina em tudo. Esta é a razão também pela qual em sua obra apostólica a Igreja se volta para aquela que gerou a Cristo, concebido do Espírito Santo e nascido da Virgem a fim de que pela Igreja nasça e cresça nos corações dos fiéis.

Esta Virgem deu em sua vida o exemplo daquele materno afeto do qual devem estar animados todos os que cooperam na missão apostólica da Igreja para a regeneração dos homens (LG 63-65).

Hino a Nossa Senhora do Pilar

Ó Senhora do Pilar, escuta
nossa oração, ao celebrar tua festa,

Mãe de Deus e Mãe de todos os homens,
   Rainha e Senhora.
És a alegria e a honra do povo,
és a doçura e esperança nossa:
do alto do teu trono olhas, guardas, proteges,
   Ó Mãe da Espanha.
Árvore da vida que nos deste Cristo,
bendito fruto do teu seio virgem,
assiste-nos até chegarmos
   contigo ao porto.
Glória a Deus Pai, criador do mundo,
glória a Deus Filho, redentor de todos,
glória ao Espírito que nos santifica,
   ao Trino e Uno. Amém[25].

Prece a Nossa Senhora do Pilar

Ó Mãe, eu sempre chamo por ti com o mesmo fervor do primeiro dia

Virgem do Pilar,
alenta a nossa fé de peregrinos
que a ti recorremos,
para que alicerces a nossa vida
sobre a rocha, sobre o pilar que é Cristo.

Mãe do Pilar,
atenta sempre aos teus filhos,
sendo para eles
aurora e farol seguro
no meio da tempestade.

Roga, nossa Senhora do Pilar,
pela Espanha e pela América,
por todos os homens da terra:
que cessem as ambições de poder.

---

25. *Liturgia das horas* IV, Laudes de Nossa Senhora do Pilar, 1282.

Mãe do Pilar,
conduz com tuas mãos maternais
o coração de tantos irmãos nossos
cansados de lutar
e que, talvez sem sabê-lo,
buscam o Senhor da Vida
e a ti, Mãe dos crentes. Amém.

Apresentação de Nossa Senhora

21 DE NOVEMBRO, MEMÓRIA

ર ર ર

Zc 2, 14-17
Salmo: Lc 1,46-55
Mt 12,46-50

Oração

Ao celebrarmos, Senhor,
a gloriosa memória da Santíssima Virgem Maria,
nós vos rogamos conceder, por sua intercessão,
participar, como ela, na plenitude de vossa graça.
Por nosso Senhor Jesus Cristo...

Prefácio

A IGREJA LOUVA A DEUS INSPIRANDO-SE
NAS PALAVRAS DE MARIA

Na verdade é justo e necessário,
é nosso dever e salvação
dar-vos graças, Senhor,
e proclamar vossas maravilhas
na perfeição dos vossos santos;
e, ao comemorar a bem-aventurada
Virgem Maria,
exaltar especialmente vossa generosidade
inspirando-nos em seu mesmo cântico de louvor.
Na verdade, fizestes grandes coisas
em favor de todos os povos
e mantivestes a vossa misericórdia
de geração em geração,

quando, ao considerar a humilhação da vossa escrava,
nos destes por ela o autor da vida,
Jesus Cristo, vosso Filho e Senhor nosso.

Santo Afonso Maria de Ligório

Ó Maria, predileta de Deus, menina amabilíssima! Assim como vos apresentastes pronta e inteiramente à glória e ao amor do vosso Deus, assim quisera eu também, se pudesse, oferecer-vos os primeiros anos da minha vida, para dedicar-me inteiramente ao vosso serviço, santa e dulcíssima Senhora minha.

Contudo, já se foi o tempo em que, por desgraça minha, perdi tantos anos no serviço do mundo e dos meus caprichos, quase nada preocupado de vós nem de Deus.

Maldito tempo em que não vos amei! Contudo, mais vale começar tarde do que nunca.

Hoje, apresento-me a vós, ó Maria! E me consagro inteiramente a vosso serviço no pouco ou muito tempo que me resta de vida, e, como vós, renuncio a todas as criaturas, para dedicar-me totalmente ao meu Criador.

Consagro-vos pois, ó minha Rainha, o meu entendimento, para que sempre pense no amor que mereceis, consagro-vos a minha língua, para vos louvar, e meu coração, para que vos ame.

Aceitai, virgem santíssima, a oblação que vos faz este pobre pecador; aceitai-o, peço-vos, pelo consolo que sentistes no coração quando no templo vos oferecestes a Deus.

E, se tarde me consagro ao vosso serviço, justo é que compense o tempo perdido redobrando meus obséquios e meu amor.

Ajudai a superar minha fraqueza com vossa poderosa intercessão, ó Mãe de misericórdia, alcançando-me do vosso Jesus perseverança e fortaleza para vos ser fiel até a morte, a fim de que, tendo-vos servido nesta vida, possa ir bendizer-vos por toda a eternidade no céu[26].

---

26. *As Glórias de Maria: da Apresentação de Maria* (2ª, I, 3), em *Obras ascéticas de Santo Afonso Maria de Ligório* I, 780-781.

Prece na Apresentação de Nossa Senhora

Ó Virgem Maria, tu és a alegria
da humanidade crente

Santa Maria,
apresentas diante de Deus
toda a tua vida feita louvor,
para cantar as misericórdias do Senhor.

Podemos afirmar sem medo esta verdade:
o Senhor faz maravilhas
com os pobres e humildes,
com os que, como tu, Maria,
nada contam para o mundo
nem constam nas primeiras páginas dos jornais.
Mas entendem muito de entrega,
de amor gratuito,
de doação da vida.

Canta, Maria,
e dize a todos os homens,
a nós, os caminhantes,
que o Senhor te escolheu para sempre
e que te chamarão bem-aventurada
todas as gerações,
porque te apresentaste diante de Deus
com tua pobreza encantadora. Amém.

A Imaculada Conceição

8 DE DEZEMBRO, SOLENIDADE

ಆಶ ಆಶ ಆಶ

Gn 3,9-15.20
Sl 97
Ef 1,3-6.11-12
Lc 1,26-38

Oração

Ó Deus,
que, pela Imaculada Conceição
da Virgem Maria
preparastes para vosso Filho digna morada,
e, quando previste a morte de vosso Filho,
a preservastes de todo o pecado,
concedei-nos, por sua intercessão,
chegarmos a vós purificados de todas as nossas culpas.
Por nosso Senhor Jesus Cristo...

Prefácio

O MISTÉRIO DE MARIA E DA IGREJA

Na verdade é justo e necessário,
é nosso dever e salvação
dar-vos graças
sempre e em todo o lugar,
Senhor, Pai santo,
Deus eterno e todo-poderoso,
porque preservastes a Virgem Maria
de toda mancha de pecado original,
para que, em plenitude de graça,

fosse digna mãe do vosso Filho
e origem e imagem da Igreja,
esposa de Cristo,
cheia de juventude e pura formosura.
Puríssima devia ser, Senhor,
a Virgem que nos daria o Cordeiro inocente
que tira o pecado do mundo.
Puríssima a que, entre todos os homens,
é advogada da graça
e exemplo de santidade.

São Maximiliano Maria Kolbe

Quem és, ó Senhora? Quem és, ó Imaculada?

Eu não estou em condições de examinar adequadamente o que significa ser "criatura de Deus". Excede minhas forças esquadrinhar o que significa ser "filho adotivo de Deus".

Mas tu, ó Imaculada, quem és?

Não és só criatura, nem só filha adotiva, mas és Mãe de Deus, e não só Mãe adotiva, mas Mãe de Deus verdadeira.

E não se trata só de hipótese, de probabilidade, mas de certeza, de certeza total, de dogma de fé.

Mas... ainda serias Mãe de Deus?

O título de mãe não sofre mudança. Deus, por toda a eternidade, te chamará "minha Mãe"... Quem fez o quarto mandamento há de te venerar eternamente, sempre...

Quem és tu, ó divina?

O próprio Deus encarnado gostava de chamar-se "Filho do homem". Mas os homens não o compreenderam. E, ainda hoje, quão poucas são as almas que o compreendem, e como o compreendem imperfeitamente!

Permite que eu te louve, ó Virgem Imaculada.

Eu te adoro, Pai nosso celestial, porque depuseste no seu seio puríssimo o teu filho unigênito.

Eu te adoro, Filho de Deus, por te haveres dignado penetrar em seu seio, e assim teres chegado a ser seu Filho verdadeiro e real.

Eu te adoro, Espírito Santo, por te haveres dignado plasmar em seu seio imaculado o corpo do Filho de Deus.

Eu te adoro, Trindade santíssima, Deus uno na Santíssima Trindade, por teres tão divinamente enobrecido a Imaculada.

Eu nunca cessarei, cada dia, ao despertar do sono, de adorar-te humildemente, ó Trindade divina, de rosto em terra, repetindo três vezes: "Glória ao Pai, ao Filho e ao Espírito Santo"...

Permite que eu te louve, ó Virgem Santíssima.

Permite que te louve com minha entrega e sacrifício pessoais.

Permite-me viver, trabalhar, sofrer, consumar-me e morrer por ti, unicamente por ti.

Concede-me conduzir a ti o mundo inteiro.

Concede-me contribuir para uma sempre maior exaltação tua, a exaltação mais absoluta possível.

Concede-me dar-te uma glória tal como ninguém até agora te tributou.

Concede aos outros que me superem no zelo pela tua exaltação, e a mim, que os sobrepuje de tal modo que, em nobre emulação, tua glória cresça sempre mais profundamente, sempre mais rapidamente, sempre mais intensamente, como deseja aquele que te exaltou de modo inefável acima de todos os seres.

Só em ti Deus foi adorado incomparavelmente mais do que em todos os santos.

Para ti, Deus criou o mundo.

Para ti, Deus chamou-me também à existência.

Qual a razão de eu ter merecido tal sorte?

Ah! Permite que eu te louve, ó Virgem Santíssima[27].

---

27. *Maria Imaculada*, em F. OCHAYTA, *Maximiliano Kolbe*, BAC, Madri, 1987, 167-169.

Prece à Imaculada Conceição

Foste concebida sem pecado, para conceber
aquele que nos livra do pecado e da morte

Mãe Imaculada,
cuja beleza é toda
reflexo da beleza do Senhor,
a ti vimos, Mãe querida,
para cantar quão generoso
foi Deus contigo.

És *Puríssima* como a Igreja, Mãe e Virgem,
cheia de juventude e pura formosura.
Puríssima por seres eleita
para Mãe de Deus.
Puríssima porque nos deste
o Cordeiro sem mancha.
Puríssima porque Deus
assim o quis.

Mãe Imaculada,
concede-nos ser limpos de coração,
dedicados sem reserva,
chegados aos que sofrem.

Virgem Imaculada,
ajuda a Igreja em suas necessidades:
que ela, como tu,
dê Cristo ao mundo
na pobreza do seu *sim*
aos planos de Deus. Amém.

Apêndice

*T*extos do Missal Romano e da Liturgia das Horas

Tempo do advento

Oração

Ó Deus,
que pela anunciação do Anjo
deixaste que o vosso Verbo
se encarnasse no seio da Virgem Maria,
concedei-nos o auxílio da sua intercessão,
pois cremos que és a Mãe de Deus.
Por nosso Senhor Jesus Cristo...

Prefácio

MARIA, A NOVA EVA

Na verdade é justo e necessário,
é nosso dever e salvação
dar-vos graças,
Senhor, Pai santo,
Deus eterno e todo-poderoso.
Nós vos louvamos, bendizemos e glorificamos
pelo mistério da Virgem Maria, Mãe de Deus.
Do antigo adversário nos veio a desgraça,
mas do seio virginal da Filha de Sião
germinou
aquele que nos alimenta com o pão do céu
e garante para todo o gênero humano
a salvação e a paz.
Em Maria é-nos dada de novo a graça
que por Eva tínhamos perdido.

Em Maria, Mãe de todos os seres humanos,
a maternidade, livre do pecado
e da morte,
se abre para uma nova vida.
Se grande era a nossa culpa,
bem maior se apresenta a divina misericórdia
em Jesus Cristo, nosso Salvador.

Tempo do natal

Oração

Ó Deus que,
pela virgindade fecunda de Maria
destes à humanidade
a salvação eterna,
fazei-nos sentir sempre a sua intercessão,
pois ela nos trouxe
o autor da vida.
Por nosso Senhor Jesus Cristo...

Tempo da quaresma

Oração

Perdoai, Senhor,
os pecados de vossos fiéis
e, já que nossos atos não podem vos alegrar,
salvai-nos pela intercessão da Mãe de vosso Filho,
Nosso Senhor Jesus Cristo,
que conosco vive e reina.

Tempo pascal

Oração

Ó Deus, que vos dignastes alegrar o mundo
com a ressurreição do vosso Filho,

concedei-nos, por sua Mãe,
a Virgem Maria,
o júbilo da vida eterna.
Por nosso Senhor Jesus Cristo...

Ó Deus,
que destes o Espírito Santo
aos apóstolos
quando perseveravam em oração com Maria,
a Mãe de Jesus,
concedei-nos, por sua intercessão,
fiéis ao vosso serviço,
irradiar a glória do vosso nome
com palavras e exemplos.
Por nosso Senhor Jesus Cristo...

Tempo comum

Oração

Valha-nos, ó Deus,
pela intercessão da sempre Virgem Maria,
para que, livres de todos os perigos,
vivamos em vossa paz.
Por nosso Senhor Jesus Cristo...

Antífonas à bem-aventurada Virgem Maria

Santa Mãe do Redentor,
porta do céu,
estrela do mar,
socorrei o povo cristão que procura
levantar-se do abismo da culpa.
Vós que, acolhendo a saudação do Anjo,
gerastes, com admiração da natureza,
o vosso santo Criador.
Ó sempre Virgem Maria,
tende misericórdia dos pecadores.

Deus vos salve, rainha dos céus,
Deus vos salve, senhora dos anjos,
Deus vos salve, raiz e porta
por onde veio a luz do mundo.
Alegrai-vos, ó virgem gloriosa,
a mais bela entre todas as mulheres.
Santa Mãe de Deus, intercedei por nós,
diante do vosso Filho.

À vossa proteção nos acolhemos,
Santa Mãe de Deus.
Não desprezeis as nossas súplicas
em nossas necessidades,
mas livrai-nos de todos os perigos,
ó Virgem gloriosa e bendita.

Tempo pascal

Rainha do céu, alegrai-vos, aleluia,
porque aquele
que trouxestes em vosso seio, aleluia,
ressuscitou como disse, aleluia.
Rogai por nós a Deus. Aleluia.

Epílogo

NOSSA SENHORA DO TERCEIRO MILÊNIO

☙ ☙ ☙

Confio esta tarefa (jubilar) de toda a Igreja à materna intercessão de Maria, Mãe do Redentor. Ela, Mãe do amor formoso, será para os cristãos que se encaminham para o grande jubileu do terceiro milênio a estrela que guia com segurança seus passos ao encontro do Senhor. A humilde jovem de Nazaré, que há dois mil anos ofereceu ao mundo o Verbo encarnado, oriente hoje a humanidade para aquele que é "a luz verdadeira, que ilumina todo homem"[1].

Maria, mulher, mãe e amiga,
roga por nós
que rumamos para o terceiro milênio
desejosos de uma nova evangelização.

Ajuda-nos, ó Mãe,
a ser testemunhas de Cristo ressuscitado
em meio ao nosso mundo,
cheio de dúvidas e cansaço,
com seus aspectos positivos maravilhosos
convivendo com tantas deficiências.

Santa Maria, mulher singela,
vem conosco
semear a esperança.
Associa-te a nossas vidas,
fazendo delas transmissoras de paz.
Santa Maria do terceiro milênio,
nós desejamos construir a "civilização do amor",
a civilização da vida.

---

1. JOÃO PAULO II, *Tertio millenio adveniente*, São Paulo, Edições Loyola, 1995³, p. 59.

Vem conosco,
tecendo alegrias neste mundo triste,
tecendo reconciliação
num mundo em guerra,
tecendo unidade
num mundo dividido.

Mãe dos filhos do terceiro milênio,
que o brandão da fé
continue a brilhar em nosso mundo
com renovado esplendor.
Que os homens procurem o amor
e o encontrem no *Deus do amor*.
Que haja mais justiça em nosso planeta,
mais desejo de servir,
de dedicar a vida,
mais anseios de pôr em prática o evangelho.

Santa Maria do terceiro milênio,
roga por nós, pecadores. Amém.

DISTRIBUIDORES DE EDIÇÕES LOYOLA

AMAZONAS
PAULINAS
Av. 7 de setembro, 665
Tel.: (0**92) 233-5130 • Fax: (0**92) 633-4017
69010-080 **Manaus**, AM

BAHIA
DISTR. BAIANA DE LIVROS COM. E REPR. LTDA.
Rua Clóvis Spínola, 40
Orixás-Center loja II – Pav. A
Telefax: (0**71) 329-1089
40080-240 **Salvador**, BA

LIVRARIA E DISTRIB. MULTICAMP LTDA.
Rua Direita da Piedade, 203 – Piedade
Telefax: (0**71) 329-0109
40070-190 **Salvador**, BA

EDITORA VOZES LTDA.
Rua Carlos Gomes, 698A
Conjunto Bela Center – Loja 2
Telefax: (0**71) 322-8666
40060-410 **Salvador**, BA

PAULINAS
Av. 7 de Setembro, 680 – São Pedro
Tel.: (0**71) 243-2477 / 243-2805 • Fax: (0**71) 321-5133
40110-001 **Salvador**, BA

BRASÍLIA
EDITORA VOZES LTDA.
CRL/Norte – Q. 704 – Bloco A n.15
Tel.: (0**61) 223-2436 • Fax: (0**61) 223-2282
70730-516 **Brasília**, DF

LETRAS E LÁPIS
CLRN 704 Bloco E Loja 21
Tel.: (0**61) 326-1684 • Fax: (0**61) 326-5414
70730-556 **Brasília**, DF

PAULINAS
Bl. C – Lojas 18/22 – SCS – Q. 05
Tel.: (0**61) 225-9595 / 225-9664 / 225-9219
Fax: (0**61) 225-9219
70300-909 **Brasília**, DF

PAULINAS
Rua CNB, 13 – Lote 5 – Loja 1
Tel.: (0**61) 352-2625
72115-135 **Taguatinga**, DF

CEARÁ
EDITORA VOZES LTDA.
Rua Major Facundo, 730
Tel.: (0**85) 231-9321 • Fax. (0**85) 221 1238
60025-100 **Fortaleza**, CE

PAULINAS
Rua Major Facundo, 332
Tel.: (0**85) 226-7544 / 226-7398 • Fax: (0**85) 226-9930
60025-100 **Fortaleza**, CE

ESPÍRITO SANTO
"A EDIÇÃO" LIVRARIA E DISTRIBUIDORA
Av Marechal Campos, 310 - Lourdes
Tel.: (0**27) 200-2780 • Fax: (0**27) 223-5690
29040-090 **Vitória**, ES

PAULINAS
Rua Barão de Itapemirim, 216
Tel.: (0**27) 223-1318 • Fax: (0**27) 222-3532
29010-060 **Vitória**, ES

GOIÁS
LIVRARIA ALTERNATIVA
Rua 21, n. 61
Telefax: (0**62) 224-9358
74030-070 **Goiânia**, GO

LIVRARIA EDITORA CULTURA GOIANA LTDA.
Av. Araguaia, 300
Tel.: (0**62) 229-0555 • Fax: (0**62) 223-1652
74030-100 **Goiânia**, GO

MARANHÃO
PAULINAS
Rua de Santana, 499 – Centro
Tel.: (0**98) 221-5026 • Fax: (0**98) 232-2692
65015-440 **São Luís**, MA

MATO GROSSO
MARCHI LIVRARIA E DISTRIBUIDORA LTDA.
Av. Getúlio Vargas, 381 – Centro
Tel.: (0**65) 322-6809 / 322-6967 • Fax: (0**65) 322-3350
78005-600 **Cuiabá**, MT

MINAS GERAIS
EDITORA VOZES LTDA.
Rua Sergipe, 120 – B. Funcionários
Telefax: (0**31) 226-9010
30130-170 **Belo Horizonte**, MG

EDITORA VOZES LTDA.
Rua Tupis, 114
Tel.: (0**31) 273-2538 • Fax: (0**31) 222-4482
30190-060 **Belo Horizonte**, MG

EDITORA VOZES LTDA.
Rua Espírito Santo, 963
Telefax: (0**32) 215-8061
36010-041 **Juiz de Fora**, MG

ACAIACA DISTR. DE LIVROS LTDA.
Rua Itajubá, 2125
Tel.: (0**31) 481-1910
31035-540 **Belo Horizonte**, MG

ACAIACA DISTR. DE LIVROS LTDA.
Rua 129, nº 384 – Sta. Maria
Telefax: (0**31) 848-3225
35180-000 **Timóteo**, MG

ACAIACA DISTR. DE LIVROS LTDA.
Rua João Lustosa, 15/201 – Lourdes
Telefax: (0**32) 235-2780
36070-720 **Juiz de Fora**, MG

PAULINAS
Av. Afonso Pena, 2.142
Tel.: (0**31) 261-6623 / 261-7236 • Fax: (0**31) 261-3384
30130-007 **Belo Horizonte**, MG

PAULINAS
Rua Curitiba, 870
Tel.: (0**31) 224-2832 • Fax: (0**31) 224-2208
30170-120 **Belo Horizonte**, MG

PAULINAS
Rua Januária, 552
Tel.: (0**31) 444-4400 • Fax: (0**31) 444-7894
31110-060 **Belo Horizonte**, MG

PARÁ
PAULINAS
Rua Santo Antonio, 278 – Bairro do Comércio
Tel.: (0**91) 241-3607 / 241 1815 • Fax: (0**91) 224-3482
66010-090 **Belém**, PA

PARANÁ
EDITORA VOZES LTDA.
Rua Dr. Fauvre, 1271 – Centro
Tel.: (0**41) 264-9112 • Fax: (0**41) 264-9695
80060-140 **Curitiba**, PR

EDITORA VOZES LTDA.
Rua Voluntários da Pátria, 41 – Centro
Tel.: (0**41) 233-1570
80020-000 **Curitiba**, PR

EDITORA VOZES LTDA.
Rua Piauí, 72 – Loja 1
Telefax: (0**43) 337-3129
86010-390 **Londrina**, PR

A. LORENZET DISTRIBUIDORA E COMÉRCIO
DE LIVROS LTDA.
Av. São José, 587 loja 03
Tel.: (0**41) 262-8992
80050-350 **Curitiba**, PR

PAULINAS
Rua Voluntários da Pátria, 225
Tel.: (0**41) 224-8550 • Fax: (0**41) 226-1450
80020-000 **Curitiba**, PR

PAULINAS
Av. Getúlio Vargas, 276
Tel.: (0**44) 226-3536 • Fax: (0**41) 226-4250
87013-130 **Maringá**, PR

PERNAMBUCO, PARAÍBA ALAGOAS, RIO GRANDE DO NORTE E SERGIPE

EDITORA VOZES LTDA.
Rua do Príncipe, 482 – Boa Vista
Tel.: (0**81) 423-4100 • Fax: (0**81) 423-4180
50050-410 **Recife**, PE

PAULINAS
Rua Joaquim Távora Alegria, 71
Tel.: (0**82) 326-2575 • Fax: (0**82) 326-6561
57020-320 **Maceió**, AL

PAULINAS
Av. Norte, 3.892
Tel.: (0**81) 441-6144 • Fax: (0**81) 441-5340
52110-210 **Recife**, PE

PAULINAS
Rua Frei Caneca, 59 – Loja 1
Tel.: (0**81) 224-5812 / 224-5609 • Fax: (0**81) 224-9028
50010-120 **Recife**, PE

PAULINAS
Rua Felipe Camarão, 649
Tel.: (0**84) 212-2184 • Fax: (0**84) 212-1846
59025-200 **Natal**, RN

RIO GRANDE DO SUL

EDITORA VOZES LTDA.
Rua Riachuelo, 1280
Tel.: (0**51) 226-3911 • Fax: (0**51) 226-3710
90010-273 **Porto Alegre**, RS

EDITORA VOZES LTDA.
Rua Ramiro Barcelos, 386
Tel.: (0**51) 225-4879 • Fax: (0**51) 225-4977
90035-000 **Porto Alegre**, RS

Eco Livraria e Dist. de Livros
Rua Cel. Ilário Pereira Fontes, 138/202
Tel.: (0**51) 485-2417 • Fax: (0**51) 241-2287
91920-220 **Porto Alegre**, RS

PAULINAS
Rua dos Andradas, 1.212
Tel.: (0**51) 221-0422 • Fax: (0**51) 224-4354
90020-008 **Porto Alegre**, RS

RIO DE JANEIRO

ZÉLIO BICALHO PORTUGAL CIA. LTDA.
Av. Presidente Vargas, 502 – 17º andar
Telefax: (0**21) 233-4295 / 263-4280
20071-000 **Rio de Janeiro**, RJ

EDITORA VOZES LTDA.
Rua Senador Dantas, 118-I
Tel.: (0**21) 220-8546 • Fax: (0**21) 220-6445
20031-201 **Rio de Janeiro**, RJ

EDITORA VOZES LTDA.
Rua Elvira Machado, 5 – Botafogo
Tel.: (0**21) 224-0864 • Fax: (0**21) 252-6678
22280-060 **Rio de Janeiro**, RJ

PAULINAS
Rua 7 de Setembro, 81-A
Tel.: (0**21) 224-3486 • Fax: (0**21) 224-1889
20050-005 **Rio de Janeiro**, RJ

PAULINAS
Rua Doutor Borman, 33 – Rink
Tel.: (0**21) 717-7231 • Fax: (0**21) 717-7353
24020-320 **Niterói**, RJ

RONDÔNIA

PAULINAS
Rua Dom Pedro II, 864
Tel.: (0**69) 223-2363 • Fax: (0**69) 224-1361
78900-010 **Porto Velho**, RO

SÃO PAULO

DISTRIBUIDORA LOYOLA DE LIVROS LTDA.
Rua Senador Feijó, 120
Telefax: (0**11) 232-0449
01006-000 **São Paulo**, SP

DISTRIBUIDORA LOYOLA DE LIVROS LTDA.
Rua Barão de Itapetininga, 246
Tel.: (0**11) 255-0662
Fax: (0**11) 256-8073
01042-001 **São Paulo**, SP

DISTRIBUIDORA LOYOLA DE LIVROS LTDA.
Rua Quintino Bocaiúva, 234 – centro
Tel.: (0**11) 3105-7198
Fax: (0**11) 232-4326
01004-010 **São Paulo**, SP

DISTRIBUIDORA LOYOLA DE LIVROS LTDA. ATACADO
Rua Conselheiro Ramalho, 692/694 – Bela Vista
Tel.: (0**11) 287-0688
Fax: (0**11) 284-7651
01325-000 **São Paulo**, SP

EDITORA VOZES LTDA.
Rua Senador Feijó, 158/168
Tel.: (0**11) 3105-7144 • Fax: (0**11) 607-7948
01006-000 **São Paulo**, SP

EDITORA VOZES LTDA.
Rua Haddock Lobo, 360
Tel.: (0**11) 256-0611 / 256-2831 • Fax: (0**11) 258-4841
01414-000 **São Paulo**, SP

EDITORA VOZES LTDA.
Rua Barão de Jaguara, 1164/1166
Tel.: (0**19) 231-1323 • Fax: (0**19) 234-9316
13015-002 **Campinas**, SP

PAULINAS
Rua Domingos de Morais, 660
Tel.: (0**11) 572-4051 – R. 213/214
Fax: (0**11) 549-9772
04010-100 **São Paulo**, SP

PAULINAS
Rua 15 de Novembro, 71
Tel.: (0**11) 606-4418 / 606-0602 / 606-3535
Fax: (0**11) 606-3535
01013-001 **São Paulo**, SP

PAULINAS
Via Raposo Tavares, km 19,5
Tel.: (0**11) 810-1444
Fax: (0**11) 810-0972
05577-200 **São Paulo**, SP

PAULINAS
Av. Marechal Tito, 981 – São Miguel Paulista
Tel.: (0**11) 956-0162
08020-090 **São Paulo**, SP

SERGIPE

LIVRARIA KYRIE
Av. Augusto Maynard, 543 – S. José
Tel.: (0**79) 224-6279
Fax: (0**79) 224-5837
49015-380 **Aracaju**, SE

PORTUGAL

MULTINOVA UNIÃO LIV.CULT.
Av. Santa Joana Princesa, 12 E
Fax: 848-3436 / 842-1820
1700 **Lisboa**, Portugal

LIVRARIA LER LTDA
Rua 4 de infantaria, 18-18A
Tel.: 388-8371 / 390-6996
1350 **Lisboa**, Portugal

Se o(a) senhor(a) não encontrar este ou qualquer um de nossos títulos em sua livraria preferida ou em nosso distribuidor, faça o pedido por reembolso postal diretamente a:

Edições Loyola
Rua 1822 nº 347 – Ipiranga – 04216-000 São Paulo, SP
C.P. 42.335 – 04299-970 São Paulo, SP / ✆ (0**11) 6914-1922/ Fax: (0**11) 6163-4275
Home page e vendas: www.loyola.com.br — e-mail: loyola@ibm.net

Edições
Loyola

RUA 1822, 347
IPIRANGA
SÃO PAULO SP
IMPRESSÃO